Hermann-Dieter Müller

WAS SIE SCHON IMMER ÜBER GONSENHEIM WISSEN WOLLTEN

Ein Handbuch zur Gonsenheimer Geschichte und Gegenwart

LEINPFAD
VERLAG

Alle Angaben und Informationen in diesem Buch sind aktuell recherchiert und vor Drucklegung sorgfältig geprüft worden. Sie erheben jedoch keinen Anspruch auf Vollständigkeit zum Zeitpunkt der Veröffentlichung. Trotzdem ist darauf hinzuweisen, dass sich Telefonnummern, Öffnungszeiten und andere Angaben im Lauf der Zeit ändern können. Weder der Autor noch der Verlag übernehmen trotz größtmöglicher Sorgfalt Verantwortung und Haftung für eventuelle Fehler.

© Leinpfad Verlag
Frühjahr 2011

Umschlag: kosa-design, Ingelheim
Abb.: Gonsenheimer Carnevals-Verein: S. 79, Kleppergarde: S. 69, Sascha Kopp: S. 45, Heidi Marx: S. 64, alle anderen Fotos wurden vom Heimat- und Geschichtsverein Gonsenheim (HGG) zur Verfügung gestellt.

Layout: Leinpfad Verlag, Ingelheim
Druck: Wolf Druck, Ingelheim

Leinpfad Verlag, Leinpfad 5, 55218 Ingelheim,
Tel. 06132/8369, Fax: 896951
E-Mail: info@leinpfadverlag.de
www.leinpfadverlag.com

ISBN 978-3-942291-17-0

INHALT

1.	Vorwort	5
2.	Die Geschichte Gonsenheims	8
	2.1 Die erste vorgeschichtliche Besiedlung vor etwa 7000 Jahren	8
	2.2 Die Römerzeit	10
	2.3 Gonsenheim zur Zeit der Franken	11
	2.3.1 Die fränkische Landnahme im 6. Jahrhundert	11
	2.3.2 Die Entstehung des Ortsnamens „Gonsenheim"	12
	2.3.3 Das älteste fränkische Fundstück	12
	2.3.4 Die erste schriftliche Erwähnung von „Gunsenheim" (775 n. Chr.)	13
	2.4 Das Dorf des Dompropsts 1092-1797	15
	2.5 Französische Besatzungszeiten	18
	2.6 Gonsenheim im 19. Jahrhundert: vom Bauerndorf zum Prominentenvorort	24
	2.7 Gonsenheim im Ersten Weltkrieg und während der Besatzungszeit (bis 1930)	30
	2.8 Die Zwangseingemeindung 1938 während der NS-Zeit (1933-1945)	32
	2.9 Von der Nachkriegszeit bis heute	33
3.	Ortsname und Wappen	37
	3.1 Der Ortsname	37
	3.2 Das Wappen	37
4.	Ortsverwaltung	41
	4.1 Ortsvorsteher/in und Ortsbeirat	41
	4.2 Die Eingemeindung	42
5.	Entwicklung der Einwohnerzahlen	43
6.	Landwirtschaft und Gewerbe	44
	6.1 Die Landwirtschaft	44
	6.2 Das Gonsenheimer Gewerbe	49
7.	Schulgeschichte	52
	7.1 Die ersten Schulen	52
	7.2 Das heutige Schulangebot	53
8.	Vereine	55
	8.1 Die ersten Vereine	55
	8.2 Die Gonsenheimer Vereine heute	56
	8.3 Ein Sonderfall: Der Heimat- und Geschichtsverein Mainz-Gonsenheim (HGG) und das Museum Gonsenheim	58
9.	Gonsenheim: Heimat studentischer Verbindungen	60
10.	Historische Gasthäuser	61
	10.1 Gastwirtschaften im alten Dorf zwischen Gonsbach	

	und Grabenbach (jetzt Grabenstraße)	61
	10.2 Gastwirtschaften außerhalb des alten Dorfkerns	63
11.	Feste und Feiern	66
	11.1 Feste in der Vergangenheit	66
	11.2 Jährliche Feste heute	67
12.	Gonsenheimer Fastnachtsgeschichte	69
13.	Die Straßennamen	75
	13.1 Richtlinien bei der Vergabe von Straßennamen	75
	13.2 Gonsenheimer Persönlichkeiten	76
	13.3 Deutsche und internationale Persönlichkeiten	84
	13.4 Heilige	92
	13.5 Flurnamen, geographische und alle anderen Bezeichnungen	93
14.	Gebäude und Kirchen	103
	14.1 Das Rathaus	103
	14.2 Das Gonsenheimer „Volkshaus", jetzt Gesundheitszentrum	104
	14.3 Kirchen und Kapellen	105
15.	Denkmäler	110
	15.1 Kriegerdenkmäler	110
	15.2 Feldkreuze	111
	15.3 Fastnachtsskulpturen von Herbert Bonewitz	112
16.	Der Waldfriedhof	114
17.	Natur um Gonsenheim	115
	17.1 Naturschutzgebiet Mainzer Sand	115
	17.2 Der Lennebergwald	117
	17.3 Der Wildpark	117
	17.4 Gonsbachtal	118
18.	Die Mühlen am Gonsbach	119
19.	Literaturverzeichnis	122
20.	Testen Sie Ihr Wissen über Gonsenheim!	125
	Der Autor	127
	Auflösung	128

Seit Jahren tauchen in Gesprächen immer wieder Fragen auf und ich als Vorsitzender des Heimat- und Geschichtsvereins (HGG) werde gefragt: Warum heißt der Ort Gonsenheim? Ist im Wappen ein Greif(f)enklau oder ein Gänsefuß zu sehen? Ich lebe seit Jahrzehnten An der Prall. Was heißt denn eigentlich Prall? Ich wohne im Adam-Allendorf-Weg. Wer war Adam Allendorf? Seit wann ist denn Gonsenheim eingemeindet? Seit wann gibt es Gonsenheimer?

Solche Fragen von Alteingesessenen, vor allem aber von Neubürgern, sollen in diesem Führer beantwortet werden. Natürlich geschieht das in Kurzfassung, sozusagen als ein erster Einblick in Gonsenheims Geschichte und Gegenwart. Doch immer wieder gebe ich auch Hinweise darauf, wo man sich bei größerem Interesse detaillierter informieren kann. Zum Beispiel im Gonsenheimer Jahrbuch (GJ), das so zitiert wird: GJ 15, S. 12-15 für GJ Band 15, Seite 12-15. Weitere Literatur über Gonsenheim ist im abschließenden Kapitel Literatur angegeben. Verweise auf Literatur im Text sind in runde Klammern gesetzt und enthalten den Namen des Autors und – wenn notwendig – Seitenzahlen bzw. bei mehreren Titeln desselben Autors auch das Erscheinungsjahr und das Hauptwort des Buchtitels, z.b. Steitz, Maler Becker 1989, S. 115.

Auf einige Fragen habe auch ich keine Antwort gefunden. Dreimal wurde ich schon gefragt: Können Sie mir bei der Suche nach meinem Vater helfen? Die Fragesteller waren alle über 60 Jahre alt, Kinder von französischen Besatzungssoldaten und bei der Oma aufgewachsen. Im hohen Alter wollten sie endlich wissen, wer ihr Erzeuger gewesen ist. Dabei kann ich höchstens auf Kirchenbücher mit Taufregister oder auf französische Militärarchive verweisen.

GONSENHEIM – VORORT ODER STADTTEIL VON MAINZ?

Der Begriff Vorort bezieht sich auf die in zwei Ringen um Mainz liegenden ehemaligen Dörfer, die eine eigenständige historische Entwicklung erlebt haben. Der erste Ring umfasst die Vororte Mombach (Eingemeindung 1907), Gonsenheim (1938), Bretzenheim (1930) und Weisenau (1930), deren Eingemeindungen vor dem Zweiten Weltkrieg abgeschlossen waren. Der zweite äußere Ring reicht von Finthen über Drais, Lerchenberg, Marienborn, Ebersheim und Hechtsheim bis nach Laubenheim. Sie wurden alle im Jahre 1969 eingemeindet. Von den Vororten unterschieden sind die Stadtteile Alt-, Neu- und Oberstadt als Teile der Innenstadt. Doch so langsam wird in Bezug auf Gonsenheim der Begriff Stadtteil häufiger gebraucht. Trotzdem wird auch noch ganz offiziell von Gonsenheim als dem größten Vorort gesprochen, aber nur dem zweitgrößten Stadtteil nach der Neustadt, die kein Vorort, aber ein Stadtteil ist. In den gesetzlichen Bestimmungen über den Ortsbeirat steht sogar „Ortsbezirke" (www.mainz. de). Trotz dieser Tendenz zum Stadtteil werde ich hier weiterhin von Gonsenheim als dem schönsten Vorort von Mainz sprechen. Natürlich könnte man auch von Gonsenheim als vom schönsten Stadtteil sprechen, doch dann wird die eigenständigere Vergangenheit gegenüber dem Begriff von z. B. dem Stadtteil Neustadt nicht berücksichtigt.

Denn die Gonsenheimer sind schon immer stolz auf ihren Wohnort gewesen. Sie haben alles versucht, um selbstständig zu bleiben. Doch die Zwangseingemeindung 1938 während der NS-Zeit konnten sie nicht verhindern (s. Kapitel 4.2, S. 42ff und Müller, Eingemeindung GJ 15, S. 49-81). Dieses Buch will Argumente liefern, warum wir vom „schönsten und größten Vorort der Stadt Mainz" sprechen dürfen.

DIE INTEGRATIONSKRAFT DER GONSENHEIMER BEVÖLKERUNG

Der Mainzer Vorort Gonsenheim nähert sich langsam, aber unaufhörlich der Einwohnerzahl 22 000. Dabei besteht die Gefahr, dass der Wohnort nur zum Schlafplatz wird, den man zur Arbeit verlässt und aus dem man in der Freizeit flüchtet. Eine Integration, ein Miteinander von Alt- und Neubürgern, findet dann nicht mehr statt, obwohl die Gonsenheimer Geschichte vor allem der letzten beiden Jahrhunderte ein Paradebeispiel für die Integrationskraft unserer einheimischen Bevölkerung darstellt. Gerade im 19. Jahrhundert hatten wir eine Bevölkerungsexplosion: Lebten im Jahre 1800, als Gonsenheim zu Frankreich gehörte, 1 100 im Ort, so waren es hundert Jahre später schon 5 473 (1905). Die Integration der Neubürger leisteten vorwiegend – wie auch heute – die Ortsvereine und die Kirchengemeinden. Der 1845 gegründete Männergesangsverein (MGV) „Cäcilia" war noch ganz dieser Patronin der katholischen Kirchenmusik verpflichtet. Der Name des am 1. Juli 1879 gegründeten Männergesangsvereins „Einigkeit" – acht Jahre nach der Reichseinigung von 1871 – zielte nicht nur auf das Zusammenwachsen der deutschen Länder zu einer Einheit, sondern auch auf die Aufnahme der Gonsenheimer Neubürger wie z. B. evangelische Fabrikarbeiter durch die alteingesessenen katholischen Landwirte. Der „MGV Heiterkeit" und der „Evangelische Kirchengesangverein" kamen hinzu (s. Kapitel 8, Vereine S. 55ff).

Ein weiteres Beispiel liefern die beiden Kirchengemeinden: Zum Bau der evangelischen Kirche hatte die Gemeinde einen Bauplatz zur Verfügung gestellt und am Einweihungsfestzug durch die Kaiserstraße (heute Breite Straße) 1903 nahmen auch der katholische Bürgermeister und der Gemeinderat teil. Beim Festessen rief Bürgermeister Becker zum konfessionellen Frieden in Gonsenheim auf und Gemeinderat und Heimatforscher Schuth wünschte dem evangelischen Pfarrer Bechtolsheimer „das Blühen und Gedeihen seiner Gemeinde". Der katholische Pfarrer und sein Kirchenvorstand waren allerdings noch nicht vertreten (GJ 10, S. 36-65). Der erste gemeinsame Gottesdienst fand während des Zweiten Weltkriegs statt. Der evangelische Pfarrer Jürgens berichtete: „Am 26. Oktober 1944 wurden 21 katholische und 19 evangelische Gemeindeglieder in gemeinsamer Feier beider Gemeinden zu Grabe getragen." (Chronik evang. Gemeinde I, S. 96). Die ökumenische Arbeit hat in den letzten Jahrzehnten zu einer fruchtbaren Zusammenarbeit geführt mit gemeinsamen Gottesdiensten, den „Ökumenischen Wochen", jetzt „Ökumenische Tage", der Informationszeitung „Ökurier", einer gemeinsamen Fastnachtssitzung und zuletzt einem ökumenischen Gottesdienst während des Parkfestes am Sonntag, dem 28. Juni 2009, in der Pfarrer-Grimm-Anlage (GJ 8, S. 124-130).

GONSENHEIMER ANGEBOTE

Alles über Sport-, Gesangs- und Karnevalsvereine, Kirchengemeinden und viele andere Gemeinschaften sowie Kontaktadressen von Ämtern, Geschäften und Praxen und die aktuellen Ereignisse und Termine erfahren Sie in: „Stadtteilblätter Mainz-Gonsenheim", herausgegeben von der Stadt Mainz, Ortsverwaltung Pfarrstraße 1, 55124 Mainz-Gonsenheim, Tel.: 41842/44651, Fax: 466165, E-Mail: ortsverwaltung.gonsenheim@ stadt.mainz.de oder über die Homepage: www.wir-in-gonsenheim.de und natürlich in der Lokalpresse.

2. | DIE GESCHICHTE GONSENHEIMS

2.1 DIE ERSTE VORGESCHICHTLICHE BESIEDLUNG VOR ETWA 7 000 JAHREN

Jeder Ort, der etwas auf sich hält, möchte besonders alt sein. Die erste Besiedlung der Gonsenheimer Gemarkung, d.h. der Gesamtfläche innerhalb der Grenzen zu Mombach, Hartenberg, Münchfeld, Finthen und Budenheim, lässt sich jedoch leider nicht genau erfassen.

Die vor etwa 12 000 Jahren abklingende letzte Eiszeit hatte die Voraussetzungen für den Übergang von der erbeutenden Lebensweise der umherziehenden Jäger und Sammler zur Kultur der Bauern und Viehzüchter geschaffen, auch neolithische oder jungsteinzeitliche Revolution genannt. Doch in der Gonsenheimer Gemarkung haben diese Nomaden keine Spuren hinterlassen.

Erst durch den Anbau von Getreide und die Zähmung und Haltung von Schafen, Ziegen, Schweinen und Rindern waren die Menschen nicht mehr so stark von der Natur abhängig, konnten Vorratswirtschaft betreiben und deshalb auch sesshaft werden. Im Mainzer Raum sind durch Bodenfunde als erste Menschen die sogenannten **Bandkeramiker** nachgewiesen worden, die schon um **5000 v. Chr.**, also vor etwa 7 000 Jahren, Ackerbau, Viehzucht, den Bau von Langhäusern und das Brennen von Töpferwaren mit den für sie charakteristischen Bandmotiven mit Winkelbändern und schraffierten Dreiecken beherrschten. Sie waren also keine nomadisierenden Jäger und Sammler mehr, sondern sesshafte Bauern und Viehzüchter, die Vorratswirtschaft betrieben.

Diese Bandkeramiker lebten auf den Höhen des Gonsbachtals. Die häufigen Überschwemmungen des damals viel mehr Wasser führenden Au- oder Gonsbachs ließen eine Talbesiedlung nicht zu. Sie bearbeiteten die lösshaltigen Hänge. Bei Ausgrabungen auf dem Kisselberg zwischen dem Gebäude der Deutschen Bank und der Isaak-Fulda-Allee wurden in Abfallgruben Stein- und Knochenwerkzeuge und viele Keramikreste gefunden. Da in diesem Bereich auch Überreste späterer Kulturen (z.B. der Hinkelsteingruppe 4900-4800 v. Chr.) ausgegraben wurden, kann man von einer gewissen Siedlungskontinuität sprechen.

Am Hemel wurden 1876 mehrere Bronzeschmuckstücke in zerstörten Hügelgräbern entdeckt. Diese mittlere **Hügelgräber-Bronzezeit** begann um 1600 v. Chr. Solche Grabfunde deuten auf nahe Wohnstätten, doch fehlen Nachweise dafür. Eine Radnadel, eine Nadel mit einem Rad als Nagelkopf, praktisch die erste Sicherheitsnadel zum Zusammenstecken der wallenden Gewänder, und zwei Armringe befinden sich im Museum Gonsenheim. Aus der frühen **Eisenzeit**, nach einem Fundort auch Hallstattperiode (750-450 v. Chr.) genannt, fand man schon im 19. Jahrhundert Gräber, die aus Grabhügeln stammen, bei Ausschachtungsarbeiten im

Müllerwäldchen und Siedlungsreste in der Straße An der Nonnenwiese, am unteren Hang des Gleisbergs.

Der wertvollste Fund auf Gonsenheimer Gebiet, ein „berühmter Beildepot-Fund" aus der Jungsteinzeit, gehört zur Kultur der Glockenbecherleute (ca. 2500-2200 v. Chr.), benannt nach ihren Bechergefäßen in Form einer umgestülpten Glocke. Nahe bei der Kreuzung alter Handelswege, der Straße Am Sägewerk, einst vorgeschichtlicher Trampelpfad, von den Römern zur Verbindung zwischen Mainz und Bingen ausgebaut, und dem Grasweg, einer mit Gras bewachsenem römischen Sommerstraße, lagen versteckt in einer Sanddüne fünf polierte, flache **Prunkflachbeile aus Jadeit**, umgeben von den Resten eines Ledergurtes. Das wertvolle Gestein mit einem beträchtlichen Härtegrad von 6,5-7 stammte aus Italien, seine grün-schwarze Färbung glänzte besonders wirkungsvoll durch eine

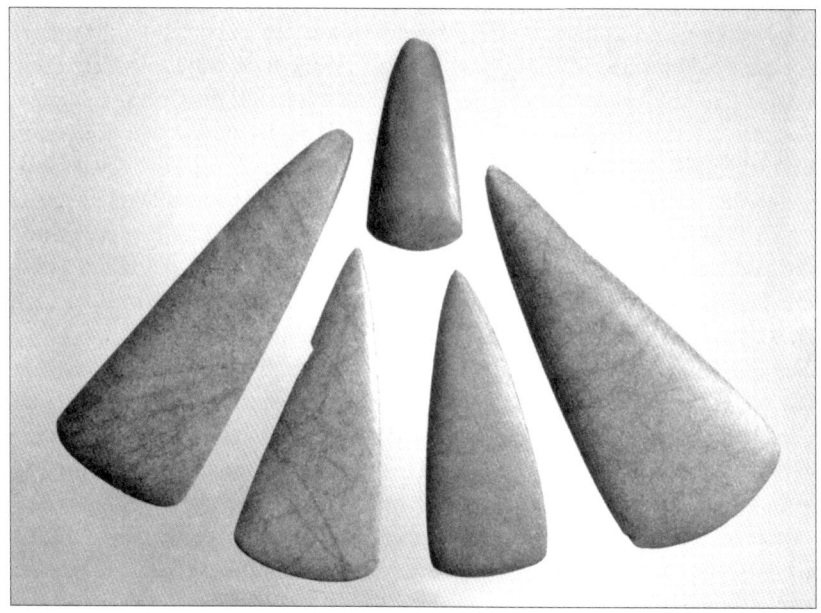

Depotfund von fünf Jadeitbeilen aus der Jungsteinzeit (2500-2200 v. Chr.) Straße „Am Sägewerk"

gründliche Politur. Solche Wertgegenstände waren kaum für den Alltag gedacht, schon eher zu religiösen Weihezwecken oder als Hoheitszeichen.

Weil in der Umgebung durch fehlende Bodenfunde keine Besiedlung für diese frühe Zeit nachweisbar ist, das Beildepot aber in der Nähe eines alten Handelsweges lag, hat wohl ein wandernder Händler an einer leicht auffindbaren Stelle fern von menschlichen Behausungen seine wertvolle Ware versteckt. Man könnte also von einem „vorgeschichtlichen Safe" sprechen. Wahrscheinlich hat den Händler das Schicksal nie mehr zu seinem Besitz zurückgeführt. Die wertvollen Steine sind im Landesmuseum in Mainz zu besichtigen.

2.2 DIE RÖMERZEIT

Die **Mainzer Römerzeit (etwa 13 v. Chr. – 460 n. Chr.)** beginnt mit dem Auftreten römischer Heere am Rhein und dem Bau eines Legionslagers (ab 13/12 v. Chr.) auf dem Kästrich (von der Kupferbergterrasse bis zu den Universitätskliniken). Nachdem Cäsar ganz Gallien erobert und auch den Rhein zwei Mal überschritten hatte, um die Germanen zurückzudrängen und an einem Einfall in die neuen Provinzen zu hindern, sollte nun das Gebiet der Germanen bis zur Elbe zum römischen Weltreich hinzugefügt werden. Die geschützte Lage auf dem Berg über dem Rhein und die Nähe zu dem nach Osten führenden Main bestimmten den Standort für das Mainzer Lager. Die Römer wollten nämlich an den Flüssen entlang und auf Schiffen in das Germanenland vordringen, die dichten Wälder und Sümpfe schienen jedoch undurchdringliche Hindernisse zu sein. Zu den bis zu 15 000 und mehr Soldaten im Lager und dem Tross sowie den Menschen der Vorstadt (Händler, Handwerker, Rotlichtgewerbe), zeitweise bis zu 50 000 Menschen, kam im ersten nachchristlichen Jahrhundert noch die Zivilbevölkerung der Hauptstadt Mogontiacum (offiziell ab 85 n. Chr.) der Provinz Germania Superior (Obergermanien), die mit **Gemüse und Obst** aus dem Umland versorgt werden mussten.

In der Gonsenheimer Gemarkung wurden – verstreut liegend – **vier Villae rusticae** ausgegraben. Zu einem solchen mit einer Mauer umgebenen Großgrundbesitz gehörte ein stattliches Wohnhaus mit den Wirtschaftsgebäuden und den obligatorischen Thermen, einem sehr großen Aussiedlerhof vergleichbar. In der Römerzeit gab es keine Dörfer.

Das Gebiet der am besten ausgegrabenen Villa rustica erstreckt sich auf einem Viereck von der Gärtnerei Stein bis hoch auf den Gleisbergkamm zum Gleisbergweg, diesen hinunter bis zur Straße An Schneiders Mühle, diese hinab bis zu Straße An der Nonnenwiese und dann parallel zum Gonsbach zurück zur Mainzer Straße. In diesem riesigen Areal wurden römische Gebäudereste gefunden. Nach einem gewissen Schema war der Gebäudebereich (Wirtschaftsgebäude, Unterkünfte für Gesinde und Bedienstete, Scheune, Ställe, Geräteschuppen, Wagenremisen, Trockenöfen, Vorratsspeicher) zusammen mit Obst- und Gemüsegarten von einer schützenden Mauer mit Toren umgeben. Im Zentrum stand ein Herrenhaus mit zwei vorangestellten Eckhäusern, sodass die verbindenden Säulengänge einen Umgang bildeten. Die Funde belegen eine herrschaftliche Villa mit verputzten und bemalten Wänden, Marmor und Ziegeldach, dazu eine

Badeanlage mit Fußbodenheizung (Hypokaustum). Reste von Mosaikböden wurden ebenfalls gefunden. Die ungeheure Ausdehnung der Ländereien, die Pracht und Ausstattung des Herrenhauses dokumentieren die Wirtschaftskraft des Gutshofes. Im fruchtbaren Gonsbachtal und seinen Hängen konnte mit dem Anbau von Obst und Gemüse schon immer gutes Geld verdient werden (GJ 7, S. 7-13).

Ein weiterer Gutshof mit Gräberfeld, ein „gemauerter Grabgarten mit Brandgräbern", wurde 1999 bei der Verlegung einer Erdgasleitung in der Nähe des Europakreisels freigelegt.

Die Villa an der Straße Am Hemel bekam das Wasser aus der Waschbachquelle. Die an der Straße Am Sägewerk 17 ausgegrabenen Brandgräber der mittleren Kaiserzeit (2. Jh. n. Chr.) gehörten mit Sicherheit zum Bestattungsareal der Villa. Die in der Nähe der Münchfeldschule (über der Bahnstrecke nach Alzey) ausgegrabenen Mauerreste gehören vermutlich ebenfalls zu einer weiteren Villa rustica.

Südlich der Saarstraße verlief die römische Wasserleitung von der Finther Römerquelle über das Gonsbachtal und durch die Gonsenheimer Gemarkung (Fluren mit Namen Attach, abgeleitet von Aquaeduct = geführtes Wasser, auf Pfeilern aufliegende abgedeckte Wasserrinnen). Die im Boden noch lagernden Fundamentreste verhindern ein normales Wachstum der Feldfrüchte. An diesem sogenannten „Mickerwuchs" kann man, besonders bei Getreidefeldern, den unterirdischen Verlauf der Wasserleitung verfolgen. Luftaufnahmen machen das besonders deutlich.

Neben den Römern gab es auf dem linken Rheinufer eine keltische Bevölkerung. Die Römer benutzten für ihre Ortsbezeichnungen meist einheimische Begriffe. Sie gaben ihrem neuen Standort den Namen Mogontiacum, weil Mogo der von der einheimischen Bevölkerung verehrte Gott war. Unter dem Gesinde der Villae rusticae waren mit Sicherheit auch keltische und germanische Kriegsgefangene.

2.3 Gonsenheim zur Zeit der Franken
2.3.1 Die fränkische Landnahme im 6. Jahrhundert

Dem Ansturm der Germanen waren die Römer nicht gewachsen. Um 260 n. Chr. überrannten die Germanen den Limes, den Grenzwall mit Palisaden und dahinter liegenden Wachttürmen und Kastellen. Das Auftauchen der Germanen auf der rechten Rheinseite konnte jetzt nur noch von Kriegsschiffen aus beobachtet und abgewehrt werden. Originale und Nachbauten befinden sich im Mainzer Museum für Antike Schifffahrt. Überfälle auf Mainz über die Römerbrücke mit Plünderungen durch Alemannen kamen häufiger vor. Durch die germanische Völkerwanderung wurde Italien von fremden Stämmen überflutet, sodass die römischen Truppen aus den

Provinzen abgezogen wurden. Beim Jahreswechsel 406/407 wurde die Stadt von Vandalen, Sueben und Alanen größtenteils zerstört. Natürlich hatte auch das Umland darunter zu leiden. Der Ausdruck „wie die Vandalen hausen" ist noch heute üblich.

Dennoch blieben Reste der römischen Verwaltung und Truppen. 451 zerstörten die Hunnen, was von Mainz noch übrig geblieben war, wurden dann aber von den Franken und den Westgoten besiegt. In die von römischen Truppen seit Beginn des 5. Jahrhunderts verlassenen und dann von den Hunnen befreiten Gebiete am Rhein strömten von Norden her die germanischen Franken. Durch den Sieg des Frankenkönigs Chlodwig aus der Familie der Merowinger im Jahre 496 und dann endgültig 506 wurden die Alemannen aus Rheinhessen vertrieben, die sogenannte **fränkische Landnahme** begann. Die verbliebene keltoromanische Bevölkerung der ehemaligen Römerstadt Mainz blieb, die Franken kamen als neue Herren – vor allem auf dem Lande – dazu (GJ 6, S. 12-15).

2.3.2 Die Entstehung des Ortsnamens „Gonsenheim"

An die Stelle der römischen Landhöfe, der Villae rusticae, traten fränkische Gutshöfe und Siedlungen, deren erster Herr, ein Mitglied der Oberschicht, in unserer Gemarkung wohl **Gonso** oder **Gunzo** hieß. Seine Truppe bestand wahrscheinlich aus Königsfreien. Da ihm das fruchtbare Gonsbachtal gefiel, ließ er sich mit seiner Truppe oder Sippe dort nieder. Zuerst darf man vermutlich nur von einem oder mehreren Gehöften sprechen. Im Falle Gonsenheims hat es vermutlich mehrere Siedlungskerne gegeben. Diese fränkische Landnahme und Besiedlung wird bestätigt durch die Endsilbe **–heim** mit der Bedeutung Haus, Wohnort, Dorf. 51 solcher heim-Orte existieren im nördlichen Rheinhessen, 28 davon wurden vor 800 erstmals urkundlich erwähnt. So bildete sich um das befestigte Mainz mit einer romanisierten Mischbevölkerung ein „Ring der Neusiedlungen" der Franken.

2.3.3 Das älteste fränkische Fundstück

Als frühesten archäologischen Beweis für eine fränkische Besiedlung können wir in unserem Museum Gonsenheim einen fränkischen Sax präsentieren, ein Kurzschwert mit einer Schneide und einer stumpfen Seite, eine typische Beigabe in Männergräbern. Der Sax wurde bei Ausschachtungsarbeiten oberhalb des Bahnübergangs zum Gewerbegebiet Am Hemel gefunden. Anhand der Größe und Form datieren die Archäologen die Entstehung und den Gebrauch des Kurzschwerts auf die Zeit zwischen 610-640 n. Chr.

Aus vielen ähnlichen Funden an erhöhten Stellen über einem Bach, der in früheren Zeiten auch schon über die Ufer treten konnte, schließen die

Archäologen, dass die Waffe ursprünglich wohl als Grabbeigabe in den Boden gelangt ist. Anscheinend befindet sich die Fundstelle im Bereich eines kleinen Friedhofs. In der Nähe des Gewerbegebiets Am Hemel sind zwar Reste bronzezeitlicher Hügelgräber und auch römischer Gräber gefunden worden, aber bisher noch keine fränkischen. Trotzdem: Wenn dieses Kurzschwert auf eine Grabbeigabe schließen lässt, muss es in der Nähe in überschwemmungsgeschützter Hanglage eine zugehörige Siedlung gegeben haben. Der Name Hemel ist eine Verkleinerungsform von Heim und bedeutet kleines Haus oder Heim, das von einem umzäunten Stück Land umgeben ist.

Warum soll also nicht am Fundort des Sax ein ursprünglicher Siedlungskern des fränkischen Dorfes Gonsenheim, Heim des Gonso, gelegen haben? Sicher existierten im 6./7. Jahrhundert noch weitere Siedlungsplätze mit eigenem Friedhof auf den Höhen des Gonsbachtals und damit vor den Wassern des Gonsbachs geschützt. Leider kann man kaum unter der heutigen Baufläche von Gonsenheim nach weiteren ursprünglichen Siedlungsplätzen graben.

Diese Siedlungsplätze auf der Höhe sind wohl im Verlauf des frühen und hohen Mittelalters verschwunden, zugunsten des Siedlungskerns, aus dem sich der historische Ortskern des heutigen Gonsenheim seit der fränkischen Zeit entwickelt hat. Im Hoch- und Spätmittelalter haben sich so bei der „Siedlungskonzentration" die effektivsten Siedlungsplätze durchgesetzt, andere wurden Wüstungen. Gerade die vielen kriegerischen Einfälle aber auch wirtschaftliche Gründe haben zu einem Zusammenschluss zu einem Dorf geführt (Knöchlein S. 39 ff., Stauder S. 586).

2.3.4 Die erste schriftliche Erwähnung von „Gunsenheim" (775 n. Chr.)

Die Gonsenheimer feierten im Jahre 2 000 das 1 225-jährige Ortsjubiläum, weil 1 225 Jahre zuvor – also im Jahre 775 – der Name unseres Ortes in der damaligen Form „Gunsenheim" zum ersten Mal nachweislich in einer Urkunde aufgeschrieben worden ist. Daraus kann man natürlich ableiten, dass dieses Dorf schon vorher existiert haben muss und dass der Name auch mündlich gebraucht worden ist.

Was geschah nun im Jahr 775? Ein freier Franke namens Teutrad schenkte am 30. Mai 775 dem Kloster Lorsch an der Bergstraße fünf Joch (Tagewerk) Ackerland und eine Wiese in der Gemarkung „Gunsenheim". Natürlich haben die Mönche über solche Schenkungen, die schließlich einen Rechtsakt darstellen, eine schriftliche Urkunde angelegt. Das konnten sie auch als die im Mittelalter meist einzigen Schriftkundigen, während die adligen oder freien Stifter – in den Waffenübungen und im Jagen, aber nicht im Lesen und Schreiben geübt – lediglich ein Handzeichen darun-

Urkunde über die erstmalige Erwähnung Gonsenheims im Jahre 775: siehe Zeile 7 „in pago wormat. in Gunsenheim" = „im Wormsgau in der Gemarkung Gonsenheim"

tersetzten. Die Schenkenden haben also nicht lesen können, auf was für einen Handel sie sich da eingelassen haben, zumal die Urkunde auch noch in lateinischer Sprache verfasst worden war. Sie haben aber im Vertrauen auf die geistlichen Herren dennoch unterzeichnet, denn sie erhofften sich durch das Geschenk einen Ablass von Sündenstrafen und die Befreiung vom Fegefeuer. Im Laufe der Zeit kamen durch solche Schenkungen viele Ländereien an Klöster und Stifte, sodass schließlich mehr als die Hälfte der Gonsenheimer Gemarkung bis zur Säkularisierung durch die französische Besatzungsmacht um 1800 in kirchlichem Besitz war (GJ 6, S. 5-12 u. S. 16-17 u. GJ 7, S. 23-35 historisches Spiel und Verse).

Die fränkischen Bauern bauten ihre Höfe mit mehreren Gebäuden aus Holz, Stroh und Fachwerk. Die Bauernfamilien produzierten nahezu alle notwendigen Güter selbst. Für fränkische Siedlungen charakteristisch sind „Grubenhäuser", kleinere, in die Erde eingegrabene oder eingetiefte Häuser, die als Ställe, Vorratshäuser und Werkstätten, z.B. Webhäuser, dienten. Die Herdstellen waren offen, sodass der Rauch durch Öffnungen in der Wand oder durch eine Tür abzog. Der Herd war aus Steinen zusammengesetzt, das Brennmaterial war Holz. Schafe, Rinder, Schweine und Geflügel gehörten zum Viehbestand. Schafwolle war für die Bekleidung besonders wichtig; sie wurde von den Bauersfrauen gesponnen und zu Tuch gewebt.

Rekonstruktionszeichnung eines fränkischen Grubenhauses des 7. Jahrhunderts

2.4 DAS DORF DES DOMPROPSTS 1092-1797

Wie bereits erwähnt, haben sich mehrere Siedlungs- oder Hofgruppen zu einem Dorf konzentriert, was sich noch heute am ältesten Dorfkern erkennen lässt, der sich auf dem erhöhten Areal um die Kirche St. Stephan herum befunden hat. Hier waren das Gotteshaus und die Bewohner vor den Überschwemmungen des Gonsbachs geschützt. Die kleinen Häuser duckten sich um die Kirche herum und waren von einer Befestigung umgeben (Knöchlein S. 39-42, Ament S. 1-10). Leider fehlen archäologische oder schriftliche Belege.

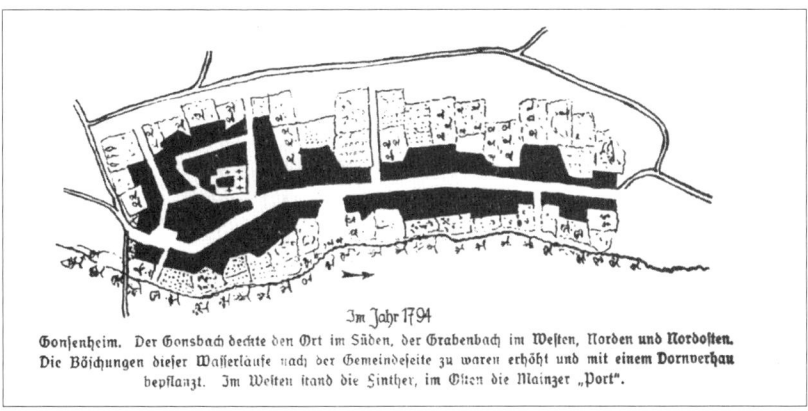

Im Jahr 1794

Gonsenheim. Der Gonsbach deckte den Ort im Süden, der Grabenbach im Westen, Norden und Nordosten. Die Böschungen dieser Wasserläufe nach der Gemeindeseite zu waren erhöht und mit einem Dornverhau bepflanzt. Im Westen stand die Linther, im Osten die Mainzer „Port".

Gonsenheim auf einer Karte von 1793/1794: Seit dem Mittelalter war Gonsenheim bis ca. 1800 ein Straßendorf mit einer Hauptstraße (heute Mainzer Straße) und wenigen kleinen Querstraßen.

Die kleine Pfarrkirche St. Stephan wurde zwar erstmals 1401 schriftlich erwähnt, muss aber schon vorher existiert haben.

Das Straßendorf ist also schon als erste Dorferweiterung zu bezeichnen. Auf beiden Seiten der Hauptstraße oder Hauptachse, die in beiden Richtungen in nachts verschlossenen Torhäusern (Port von lat. porta) endete, standen die Gehöfte, die sich auf der einen Seite bis zum Gonsbach und auf der anderen Seite bis zum Grabenbach erstreckten. Diese Dorfidylle existierte mehr als ein Jahrtausend, wie es sich anschaulich auf dem „Plan der kaiserlichen Reichs- und Chur-Festung Mainz 1794 bis 95" erkennen lässt. Auf der jeweiligen Dorfseite der beiden Bäche befand sich die Landwehr oder das Gebück, d. h. Wälle, eng mit Buchen bewachsen, deren Zweige oben gekappt bzw. zur Seite und nach unten gebogen („gebückt") und verflochten wurden. Dazwischen wucherten Dornensträucher. Diese undurchdringliche Dorfbefestigung ging zwischen den Torhäusern um das gesamte Dorf herum und schützte es vor streunenden Einzelpersonen oder Gruppen, denn nachts waren auch die Torhäuser abgeschlossen. Auf der Außenseite waren die Tore wie eine Festungsmauer ohne Fenster und Türen gebaut. Praktisch einen zweiten Schutzwall gegen Eindringlinge bildete die Front der Scheunen, wie man sie noch heute vom Gonsbach aus sehen kann (GJ 8, S. 7-15). Fast alle Mainzer Vororte – außer Drais und Marienborn – waren mit einer solchen Dorfbefestigung aus Bächen und Wassergräben mit dorfseitig aufgeschütteten Wällen mit einer Landwehr (Gebück) und Pfortenhäusern geschützt.

Die Gonsenheimer hatten das Recht, ihre Erzeugnisse auf dem Mainzer Markt zu verkaufen und sich beim Herannahen eines größeren Feindes mit ihrer beweglichen Habe hinter die Mainzer Mauern zu flüchten. Die Schutzsuchenden kamen aus 35 benachbarten Dörfern. Dafür waren sie aber zur Mithilfe beim Bau bzw. der Reparatur der Mauern und bei Schanzarbeiten und Belagerungen zur „Burghut" verpflichtet. Entsprechend der Einwohnerzahl mussten die Gonsenheimer und Finther je drei Zinnen von je 3 Metern Länge übernehmen.

Im gesamten Mittelalter war der Mainzer Erzbischof und Kurfürst der Landesherr, d.h. er besaß die Blut- oder Hochgerichtsbarkeit, die Erhebung einer Kombination von Grund- und Gewerbesteuer (Schatzung) und das Recht zur Aushebung zum Kriegsdienst. Erzbischof Ruthard schenkte 1092 dem Mainzer Domkapitel die Vogtei, d.h. die Schutzherrschaft und Verwaltung über Gonsenheim, die an den höchsten Kapitularen, den Dompropst (praepositus = Vorgesetzter), fiel. Dieser war somit bis zum Ende des Kurstaates fast 700 Jahre (1092-1797) der Dorfherr mit der niederen Gerichtsbarkeit in Straf- und Zivilangelegenheiten. Dafür konnte er Gebühren einfordern und Gebote und Verbote erlassen, die bis zur Überwachung des regelmäßigen Kirchenbesuchs gingen. Er ernannte den

Dorfschultheißen und sechs Gerichtsschöffen, die in nicht so bedeutenden Angelegenheiten Recht sprachen. Es existierte für diese Verwaltungs-
aufgaben in mehreren dompröpstlichen Orten – u. a. auch Finthen – ein
Amtmann. Als sich mit dem zunehmenden Einfluss des Römischen Rechts
im 16. Jahrhundert das Aufschreiben der Rechte und Pflichten verstärk-
te, wurden vermehrt Weistümer (mhd. wisen = weisen, zeigen, erklären)
verfasst, für Gonsenheim z. B. das Weistum von 1521, das die Rechte und
Pflichten des Domherrn und seiner dörflichen Untertanen „aufwies".

Das Rathaus wurde 1615 erbaut. Der jetzige Barocksaal war noch offen, hier waren Verkaufsstände aufgestellt oder die Schöffen hielten ihre
Sitzung ab, um Recht zu sprechen. Vor dem Rathaus befand sich die öffentliche Waage. Grundherren in Gonsenheim waren der Dompropst, das
Johannisstift, das Stift St. Peter und die Klöster Altmünster, St. Jakob
und St. Agnes. Größter Grundherr, besser: größte Grundherrinnen, waren
die Nonnen des Klosters Maria Dalheim vor Zahlbach. An sie erinnert die
Straße An der Nonnenwiese.

Seit dem 14. Jahrhundert sind die fünf Gonsenheimer Mühlen bekannt
(vier Getreide- und eine Ölmühle), die drei obersten gehörten dem Dompropst, je eine den Freiherren von Dienheim und dem Stift St. Viktor. Die
Besitzer verpachteten die Mühlen an Müller.

Den Herren wie Landesherr, Ortsherr und den Grundherren stand die
dörfliche Gemeinschaft gegenüber, in der die Männer und Witwen mit
Hausbesitz das Sagen hatten. Wer zuziehen wollte, musste ein bestimmtes
Vermögen vorweisen können und je 6 Gulden an den Ortsherrn und die
Gemeinde zahlen. War er dazu nicht imstande, besaß er nur den minderen
Rechtsstatus eines Beisassen. Er durfte die Gemeindegüter, die sogenannte Allmende, nicht nutzen und nicht an den jährlichen Versammlungen
der Dorfgemeinschaft am Montag nach dem St. Martinstag, dem 11. November, teilnehmen. Dann wurden die dörflichen Ämter und Aufgaben
verteilt, die Feuerschutz, Verwaltung, Unterhaltung der Gemeindegebäu-
de – Rathaus, Schulhaus, Schmiede, Backhaus und Hirtenhaus – der Wege
und Brücken und Regelungen der Landwirtschaft betrafen.

Im Jahre 1401 wurde die Pfarrkirche St. Stephan zum ersten Mal schriftlich erwähnt. Wegen der zunehmenden Zahl der Pfarrangehörigen wurde
sie häufig vergrößert, zuletzt mit dem Bau des Rheinhessendoms 1906. Ein
Lehrer ist schon für 1621 belegt; es muss wohl auch schon ein Schulgebäude in dieser Zeit gegeben haben. Neben dem Rathaus von 1615 existiert
noch heute der Schulanbau von 1779. Die Jahreszahl ist über dem Eingang eingraviert. Die Bauunterlagen sprechen vom Abriss eines kleineren
Vorgängerbaus. Deshalb ist es durchaus möglich, dass das erste Schulhaus
auch – wie das Rathaus – in der ersten Hälfte des 17. Jahrhunderts gebaut
worden ist (GJ 14, S. 46-87).

2.5 Französische Besatzungszeiten

Von der vierjährigen Schwedenherrschaft von Dezember 1631 bis Januar 1636 scheinen sich die Gonsenheimer schnell erholt zu haben. Gab es 1636 und 1637 nur je eine Taufe, so waren es 1642 schon wieder neun. Die Gemeinde hatte gute Einnahmen durch das Verpachten von Wiesen an Ortsansässige und Mainzer Metzger, das Vermieten der Gemeindehäuser Backhaus und Schmiede und durch den Verkauf von Holz, Heu und Korn. Bauliche Verbesserungen und Fürsorge konnten wieder geleistet werden.

Acht Jahre nach dem Abzug der lutherischen Schweden mit ihren deutschen Verbündeten wurden Mainz und seine Umgebung von den Truppen des katholischen französischen Königs besetzt, der sich der „allerchristlichste König" (le roi très chrétien) nannte. Einquartierungen und zunehmende Kontributionsforderungen waren die Folge. Auch Gonsenheimer Familien flüchteten in die Obhut der Stadt. Erst zwei Jahre nach dem Westfälischen Frieden von 1648 zogen die Franzosen ab. Sie rechtfertigten die lange Besetzung der katholischen Metropole mit dem Schutz der katholischen Religion und ihrer Geistlichen. Doch Feinde waren nicht auszumachen, so sprach der Pfarrer von St. Quintin denn auch vom Schutz des Wolfes für das Lamm.

Als im sogenannten pfälzischen Erbfolgekrieg der französische König Ludwig XIV. Forderungen auf die Pfalz als Erbe seiner Schwägerin Liselotte von der Pfalz erhob und alle Gebiete forderte, die Frankreich jemals besessen hatte (Réunion), mussten Mainz und die Umgebung für ein Jahr, **1688/89**, 10 000 Soldaten einquartieren und 60.000 Gulden aufbringen. Die Franzosen bauten an dem Mainzer Festungsring weiter, als ob sie sich für längere Zeit einrichten wollten. Schließlich war ihr Ziel auch eine natürliche Grenze, d. h. den Rhein zu erreichen. Bei der Rückeroberung waren etwa 70 000 Soldaten in einem Wall- und Grabensystem in den Gemarkungen um Mainz stationiert, lüneburgische und hannoversche Truppen bei Gonsenheim und Mombach; der Prinz von Hannover hatte sein Standquartier in Gonsenheim. In den Gonsenheimer Kirchenbüchern erhöhte sich die Totenzahl. Weil der französische König nichts erreicht hatte, ließ er alle Burgen auf dem linken Rheinufer und viele Städte wie Heidelberg, Mannheim, Speyer, Worms, Oppenheim, Bingen und Kastel zerstören. Der renommierte Historiker Max Braubach stellte fest: „Wenn aber in dieser Hinsicht eine weit in die Zukunft wirkende tiefe Erbitterung auf deutscher Seite die wichtigste Folge war, so war der militärische Nutzen nur gering." (GJ 12, S. 13-20)

Französische Revolutionstruppen eroberten im **Oktober 1792** Mainz. Im Schutz der französischen Herrschaft bildeten Mainzer Professoren, Studenten und Beamte einen Jakobinerklub und versuchten die Ideen der Revolution unter das Volk zu bringen. Gonsenheimer Bauern tauschten auf dem Markt revolutionäre Schriften gegen Obst und Gemüse ein und hörten den Reden auf dem Markt und im Schloss zu. Mainz erhielt eine Munizipalität (Stadtverwaltung) mit einem Maire (Bürgermeister). Die sogenannte **Mainzer Republik** nahm ihren Anfang. Auch in Gonsenheim war die Zustimmung zuerst groß, am 22.11. war das Dorf blau-weiß-rot geflaggt, ein Freiheitsbaum wurde errichtet und die Glocken von St. Stephan läuteten. Doch das Ausbleiben von Reformen, die Beibehaltung von Abgaben und das Eintreiben kriegsnotwendiger Güter brachten den Umschwung. So lehnten die Gonsenheimer die Wahlen mit einem Eid auf die Verfassung ab. Dennoch wurde der Rheinische Konvent gewählt, der im Deutschhaus tagte, eine Vorform eines Parlaments, und die Landbevölkerung hatte eine neue Ordnung „dischputiert" und ihren Unmut artikuliert. Im Bombardement der rückerobernden Preußen und Österreicher wurde Mainz zerstört, die französische Besatzung kapitulierte im **Juli 1793** (GJ 1, S. 4-31).

Seit Ende **1794** versuchten die Franzosen erneut Mainz zu erobern. Sie hatten praktisch eine Gegenfestung gegen Mainz mit Forts, Wällen und Gräben von Laubenheim über Ober-Olm und Finthen bis nach Budenheim errichtet. 30 000 Soldaten in Erdhütten umschlossen Mainz von allen Seiten. Nach etwa einjähriger Belagerung gelang es den Österreichern am 29. Oktober 1795 die französischen Mainzer Linien durch ein geschicktes Manöver zu durchbrechen und die Belagerer in die Flucht zu schlagen. Doch in den Gonsenheimer Gemeinderechnungen für 1794/95 kann man lesen, dass das Schlachtvieh von den Regimentsmetzgern geschlachtet und die Gemeindewiesen von den Truppen verwüstet worden seien. Da nichts gesät und geerntet werden konnte, wurden auch keine Abgaben an die Geistlichkeit abgeführt. Viele französische Soldaten waren in Gonsenheim einquartiert, von 7 000 Mann Besatzung schrieb der Gemeinderat. In die Kirche war ein Backhaus mit 10 Öfen eingemauert worden, vieles wurde zerstört. Da in der Vierzehn-Nothelfer-Kapelle nichts zu plündern und zu holen war, wurde sie angezündet.

Eine neue „Armée de Mayence" umschloss seit dem Sommer 1796 das heißumkämpfte Hindernis Mainz für das totale französische Vordringen zum Rhein. Die Preußen hatten sich schon längst zurückgezogen. Als die Österreicher in Oberitalien vom siegreichen jungen General Napoleon bedrängt wurden, konnte der Kaiser des Deutschen Reiches Franz II. aus dem österreichischen Haus Habsburg den Frieden von Campo Formio im Oktober 1797 nur durch Aufgabe des linken Rheinufers erreichen. Als die österreichischen Truppen Ende Dezember **1797** Mainz verließen, rückten die Franzosen kampflos ein – wie schon im Oktober 1792.

Nachdem Napoleon 1799 die unfähige Pariser Regierung, bestehend aus fünf Direktoren (Direktorium), abgesetzt und selbst eine Regierung gebildet und sich im Mai 1804 sogar mit der neugeschaffenen französischen Kaiserkrone gekrönt hatte, nahm der Österreicher nur drei Monate später den österreichischen Kaisertitel als Franz I. an, verzichtete aber 1806 unter dem Druck Napoleons auf den deutschen Kaisertitel. Damit hatte das „Heilige Römische Reich Deutscher Nation" aufgehört zu existieren. Die Mairie Gonsenheim gehörte von nun an zum Kanton Nieder-Olm, Arrondissement Mainz, Departement Donnersberg, **bis 1814** die im Befreiungskrieg geschlagenen Heere Napoleons aus Deutschland verschwanden.

Was die Jakobiner und Bauern 1792/93 vergeblich erhofft hatten, wurde ab März 1798 von dem noch existierenden Pariser Direktorium von oben beschlossen, in dessen Auftrag Generalregierungskommissar Rudler, ein Jurist aus dem Elsass, diese Beschlüsse vor Ort durchführen musste. Zehnt, Zünfte und Feudallasten aller Art wurden abgeschafft, Rechtsgleichheit, öffentliche Rechtsprechung und Gewerbefreiheit mit der Einführung von Napoleons Gesetzbüchern in Kraft gesetzt, die Bürger wählten ihren Maire und Gemeindevertreter, Beamte und Richter. Die Verwaltung wurde vereinfacht durch die neue Einteilung in Kanton, Arrondissement und Departement. Die territoriale Zersplitterung gab es nicht mehr. Auch die Zivilehe wurde eingeführt, auf dem Bürgermeisteramt fanden die Trauung und die Eintragung in die Register statt. Noch bis zum Anfang des 20. Jahrhunderts hieß das in Gonsenheim: „Wir geh'n uff die Mairie kopuliere."

Weil die Zustimmung zur Vereinigung mit Frankreich Voraussetzung für die Durchführung der Reformen war, votierten auch die Gonsenheimer für die sogenannte Réunion, wie insgesamt 29 von 40 befragten Gemeinden. Somit waren sie wie auch alle anderen Bewohner des linken Rheinufers Franzosen geworden.

Adel und Kirche hatten schon 1798 ihren Grundbesitz durch die sogenannte Säkularisierung an die Besatzungsmacht verloren. Die Gonsenheimer Bauern konnten jetzt durch Kauf oder Versteigerung Eigentümer des Bodens werden, den sie Jahrhunderte lang für Mainzer Klöster bewirtschaftet hatten. Bei so vielen Vorteilen konnte die fremde Herrschaft kaum unwillkommen sein. Wenn Napoleon nach Mainz kam oder ein Manöver 1804 in der Gemarkung stattfand, jubelten die Gonsenheimer dem Kaiser stets zu. Die Beteiligung an Feierlichkeiten wurde sogar aus der Gemeindekasse bezahlt.

Doch die Abgaben nahmen stetig zu und bei einer Einwohnerzahl von 1 100 wurden 41 Gonsenheimer in die Armee Napoleons eingezogen, von denen 17 ums Leben kamen. Außerdem waren die katholischen Gonsenheimer in der Ausübung ihrer Religion eingeschränkt. Gottesdienste durften nur in Kirchen abgehalten werden, Prozessionen „außerhalb" wurden mit Einkerkerung bestraft. Die Soldaten hatten außerdem ihre Kapelle zerstört. Beim Rückzug 1813/14 nach der verlorenen Völkerschlacht von Leipzig schleppten französische Truppen Typhus in Mainz und Gonsenheim ein, sodass viele Gonsenheimer umkamen.

Das hielt die Gonsenheimer jedoch nicht davon ab, 1838 auf Initiative des neuen Pfarrers von St. Stephan und ehemaligen französischen Oberleutnants, 17 Jahre nach dem Tod des französischen Kaisers, einen Veteranenverein zu gründen und schon im folgenden Jahr einen Napoleonstein zu Ehren ihres ehemaligen Oberbefehlshabers zu errichten. Die Namen der gefallenen Kameraden wurden eingraviert und in der Folgezeit auch die Namen der in der Heimat verstorbenen Veteranen. Der Stein steht noch heute mitten auf Gonsenheims Festwiese, der Pfarrer-Grimm-Anlage (s. Kapitel 15.1, Denkmäler, S. 110).

Da der Erste Weltkrieg (1914-1918) sich weit von der Heimat entfernt abspielte und auch der Rückzug von der zensierten Presse noch als siegreich dargestellt wurde, traf die Niederlage die Bevölkerung wie ein Schock. Doch durch die französische Besatzung **1918-1930** mit bis zu 350 000 Mann im Anfangsjahr sollte es für die Bewohner des linken Rheinufers noch schlimmer werden. Gonsenheim erschien den französischen Befehlshabern wegen der Kaserne, der Unterbringungsmöglichkeiten für Offiziere und ihrer Familien in den Villen, des sandigen Übungsgeländes, der Schießstände, des Bahnanschlusses und anderer Vorteile für die Unterbringung und Ausbildung eines ganzen Regiments wie geschaffen.

Bei 6 611 Einwohnern waren circa 1 500 Besatzungssoldaten untergebracht und bis zu 1 250 Offiziere mit Familienmitgliedern, Adjutanten und Personal wohnten in beschlagnahmten Wohnungen oder Villen. Jedes dritte der 1 200 Häuser war ganz konfisziert oder zumindest teilweise belegt worden. Manchmal hausten fünf bis sieben erwachsene Gonsenheimer beiderlei Geschlechts in zwei Räumen (zum Teil zwei Familien). Besonders erniedrigend und furchteinflößend empfand die deutsche Bevölkerung am Rhein die Stationierung von bisher nie gekannten farbigen Soldaten.

Die Inflation vergrößerte die Armut. Gonsenheimer Notgeld gab es in 1-Million- und 5-Millionen-Mark-Scheinen. Während des Ruhrkampfes 1923 wurden 31 Familien ausgewiesen, meist Eisenbahner, die passiven

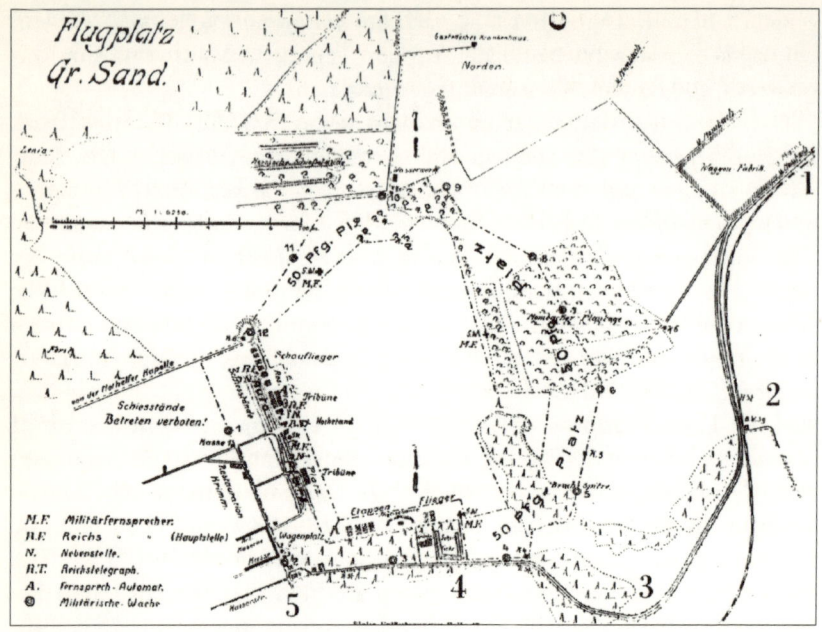

Gonsenheim auf einer Karte von 1912

Die Karte „Flugplatz Gr. Sand" zeigt den Zustand von 1912. Der Große Sand war der Exerzierplatz für das Kaisermanöver, zu dem Wilhelm II. jährlich im August mit dem Zug aus Wiesbaden anreiste. An der Waggonfabrik (Nr. 1) oder dem Bahnwärterhaus (B. W. 39 = Nr. 2, heute Bahnübergang unterhalb den Gonsbach-Terrassen) stieg der Kaiser aufs Pferd.

Dasselbe Gelände diente auch als Flugplatz. Hier landeten Zeppeline oder Flugzeuge bei Etappenflügen. Der Flugpionier Jacob Goedecker eröffnete hier 1909 das sechste deutsche Flugzeugwerk. Die Tribünen (heute in der Weserstraße) konnten von den Schaulustigen für Kaisermanöver und Flug-platzschau gegen Eintrittsgeld genutzt werden.

Die seit 1871 existierende Eisenbahnstrecke Mainz – Waggonfabrik – Gonsen-heim – Alzey ist zwischen den Ziffern 1 und 2 und bis zum unteren Kartenrand eingezeichnet. Die Straßenbahnlinie (seit 1907) verläuft zwischen Nr. 1 und Nr. 5, zuerst fast parallel zur Straße.

Nr. 3: Müllerwäldchen (heute Gebiet um die Haltestelle An der Bruchspitze), Nr. 4: Schuhfabrik bzw. Flugzeugwerk, hier steht noch heute das Goedecker-Haus mit dem großen Kastanienbaum Ecke Elbestraße/Werrastraße.

Die Straßenbahnlinie verläuft geradlinig, umrundet die evangelische Kirche (Nr. 5) und biegt dann in die Kaiserstraße (heute Breite Straße).

Die gepunktete Linie von „Wagenplatz" zu M.F. mit vier eingezeichneten Rechtecken, die Hallen darstellend, entspricht dem Verlauf der heutigen Erfurter- bzw. Canisiusstraße. Das Neubaugebiet auf dem Großen Sand war demnach Flugplatz und Manövergebiet.

Widerstand geleistet hatten, d. h. der von der Reichsregierung geforderten Arbeitsniederlegung gefolgt waren. Viele weigerten sich, ihren Ort zu verlassen und kamen deshalb ins Gefängnis. Bei diesen unhaltbaren Zuständen half das Reich. Von 1921 bis 1924 entstanden großzügige Wohnblocks mit Offizierswohnungen zwischen Lennebergplatz und Theodor-Körner-Straße, „Klein-Frankreich" genannt. Mit eigenen und auch Reichsmitteln hat auch die Gemeinde Gonsenheim zwischen 1924 und 1926 Wohnblocks um den Ebertplatz und in der Erfurter Straße bauen lassen. Das dreistöckige Offizierskasino gegenüber dem Juxplatz, heute Gesundheitszentrum, ist mit großen Kosten erbaut worden. Beschlagnahmt wurden ständig zwei Schulsäle und Flugzeughallen. Den Gonsenheimern war der Gang über den Großen Sand verboten, weil er als Truppenübungsplatz diente.

Nach der Rheinlandbefreiung 1930 und damit dem Abzug der französischen Besatzungstruppen erwarb der Mainzer Bauunternehmer Vlasdek das Lenneberg-Viertel und vermietete die Wohnungen. Die Benutzung eines eigenen Busses zur Arbeit nach Mainz war im Mietpreis inbegriffen. Nach dem Konkurs seiner Firma wurde an Privatleute, Versicherungen und die Stadt Mainz verkauft.

Nach dem Zweiten Weltkrieg kamen erneut Franzosen als Besatzungsmacht und quartierten sich in dem vornehmen Wohnviertel ein. Die französische Militärregierung hatte schon vor der Währungsreform Montagehäuser bestellt; diese wurden mit der Gründung der Bundesrepublik nicht mehr verlangt, dienten dann aber den Beamtenfamilien der neuen Landeshauptstadt Mainz nach 1950 als Unterkunft. Es sind dies die Holzhaussiedlungen um Carlo-Mierendorff-Straße, Canisiusstraße und Goerdelerstraße in Gonsenheim und an der Turmstraße in Mombach. Wo noch heute die ursprünglichen schmalen hohen Fenster erhalten sind, kann man erkennen, dass die Bauten nicht für Deutsche gedacht waren.

Für die Besatzungsmacht wurden östlich der Kathen-Kaserne an den Straßen Am Müllerwäldchen, Am Sandbruch und An der Sandflora 1950/51 vom Sonderbauamt der Stadt Mainz 13 Wohnblocks errichtet, anfangs von Franzosen, dann von Amerikanern bewohnt; die Häuser Am Müllerwäldchen bewohnten deutsche Bedienstete. Daneben entstanden eine Feuerwache, später ein amerikanischer, heute deutscher Kindergarten und eine Kapelle, heute von den Baptisten genutzt, ein Baseball-Stadion und ein Fußballplatz, heute das Gelände des Kindergartens An der Sandflora. Für die Besatzungsmacht wurden 1952 auch elf zweigeschossige Wohnblocks zwischen Katharinenstraße und der Finther Landstraße erbaut, die noch heute von Amerikanern bewohnt werden.

Fazit: Die ersten beiden französischen Besatzungszeiten des 17. Jahrhunderts (1644-1650, 1688/89) waren verheerend für die Gonsenheimer.

Die Mainzer Republik und die napoleonische Herrschaft sind zwiespältig zu beurteilen: einerseits hohe Steuern für den Krieg, Zerstörungen, wie u. a. der Vierzehn-Nothelfer-Kapelle, Typhusepidemie, Blutzoll auf den Schlachtfeldern, andererseits auch Bewunderung für Napoleon, aber besonders viele Fortschritte: Die Gonsenheimer Bauern wurden Eigentümer ihrer Felder, Freiheiten, ein vortreffliches Gesetzbuch.

Die Besatzungszeit nach dem Ersten Weltkrieg war bedrückend, besonders die Wohnungsnot durch die Beschlagnahmungen und die Stationierung von zu vielen Soldaten und das harte Durchgreifen der manchmal rücksichtslosen Franzosen. Andererseits versuchte die Besatzungsmacht vieles zur Gewinnung der Bevölkerung. Nach dem Zweiten Weltkrieg ging die Besatzungszeit hauptsächlich durch den Kalten Krieg in die Zeit der europäischen Annäherung und des NATO-Bündnisses über. Der damals von den Besatzungsmächten geforderte auch qualitativ hochstehende Wohnraum kann aber heute von der deutschen Bevölkerung genutzt werden. Im Falle der Siedlung Klein-Frankreich darf man sogar von einem städtebaulichen Vorzeigestück sprechen.

2.6 GONSENHEIM IM 19. JAHRHUNDERT: VOM BAUERNDORF ZUM PROMINENTENVORORT

Bis zur französischen Besatzungszeit von 1792/93 und dann von 1797-1814 war Gonsenheim ein von der Gemüselandwirtschaft geprägtes Straßendorf mit dem Mainzer Erzbischof und Kurfürst als Landesherrn und dem Dompropst als Ortsherrn. Dann waren die Gonsenheimer nach 1797, wie alle Linksrheiner, Franzosen geworden und hatten sehr viele Reformen erfahren. Nach dem Scheitern des Emporkömmlings Napoleon triumphierten erneut die zuvor regierenden Monarchen und Fürsten. Auf dem Wiener Kongress von 1814/15 wurde Deutschland neu geordnet. Statt der Zersplitterung des Reiches mit über 300 Territorien und Fürstentümern vor dem Auftreten der französischen Revolutionsheere gab es im Deutschen Bund zwar nicht die erhoffte Reichseinigung, sondern einen losen Zusammenschluss von allerdings „nur" 35 Fürstentümern und 4 Städten. Der Länderschacher brachte dann 1816 endgültig die Bewohner des Gebiets zwischen Mainz, Bingen, Alzey und Worms als Rheinhessen unter die Herrschaft des Großherzogs von Hessen-Darmstadt. Deshalb werden wir im Jahre 2016 200 Jahre Rheinhessen feiern. Die Einteilung der Provinz Rheinhessen in Kantone blieb weiterhin bestehen. Doch bei der Verwaltungsreform 1832/35 wurden die Kantone Mainz, Nieder-Olm und Oppenheim zum Kreis Mainz vereinigt.

Hatten die katholischen Gonsenheimer jahrhundertelang einem katholischen Erzbischof und einem Dompropst gehuldigt, dann gezwungenermaßen einem französischen Kaiser, so fiel es ihnen schwer, nun auch noch einen evangelischen Landesherrn annehmen zu müssen. Es erforderte auch eine gewaltige Umstellung, innerhalb von weniger als 30 Jahren drei verschiedenen Staaten anzugehören, zwei deutschen Fürstentümern und einem ausländischen Kaiserreich. Auch waren die Herren völlig unterschiedlicher Konfession, dem traditionell gewohnten Katholiken, folgten ein Atheist und schließlich ein Evangelischer. Zwar haben sie das neue Darmstädter Oberhaupt durch ein großes Fest mit Salutschüssen feucht-fröhlich hochleben lassen, doch noch Ende des 19. Jahrhunderts feierten sie nicht den Geburtstag des gerade regierenden Großherzogs Ludwig II. im November, sondern wie bei den Katholiken üblich den Namenstag Ludwigs im August.

Doch nicht der Wechsel der Landesherren, sondern die Industrialisierung änderte die ein Jahrtausend während Dorfidylle. In und um Mainz entstanden chemische Betriebe, Fabriken für Maschinen, Lack, Leder und Champagner. Schanzarbeiten und Festungsbau an der Bundesfestung Mainz schufen zusätzliche Arbeitsplätze. Da das durch den Festungsgürtel eingeengte Mainz keinen Platz zum Hausbau bot, mussten die Neubürger in die umliegenden Orte ausweichen. In Gonsenheim bestimmten die natürlichen Gegebenheiten das **Neubaugebiet**: Nicht das fruchtbare, das Einkommen der landwirtschaftlichen Bevölkerung sichernde Gonsbachtal eignete sich, sondern der sich nördlich der Mainzer Straße erstreckende Hang, der vor Gonsbach-Hochwasser geschützt war. Hier war der mit Kiefern bestandene Sandboden für eine intensive Gemüse-Landwirtschaft unbrauchbar, er ließ nur den Anbau von Obst oder Spargel zu. Der Sand glitzerte oder gleißte so sehr in der Sonne, dass die Anhöhe schon seit alters Gleisberg hieß. Weil der Boden für die Bauern nicht so attraktiv war, blieben die Grundstückspreise niedrig und damit für Arbeiter erschwinglich.

Schon Anfang des 19. Jahrhunderts wurde der Grabenbach aufgefüllt und darüber die Grabenstraße angelegt, die schon 1823 teilweise besiedelt war. Parallel zur Hauptstraße (heute Mainzer Straße) entstand nach und nach ein **gitternetzförmiges Parallelstraßensystem** mit Grabenstraße, dann Engel- und Schulstraße und den entsprechenden Querstraßen. Als 1852 die Grabenstraße auf beiden Seiten fast vollständig bebaut war, bezog Franz Engel das erste Haus in der nach ihm benannten Engelstraße. Schon vor 1900 war auch die Engelstraße mit Häusern versehen, sodass nun an der Schulstraße – nach der Erschließung durch den Straßenbau um 1880 – die ersten Gebäude entstanden. Die Querverbindungen bildeten Budenheimer Straße, Friedhofsstraße – heute Kirchstraße, denn früher lag der Friedhof immer rings um die Kirche – und Turnerstraße, nach dem Turnplatz genannt, heute Hermann-Ehlers-Straße.

Waren die Straßen wie ein Schachbrett angelegt, so waren auch die klei-

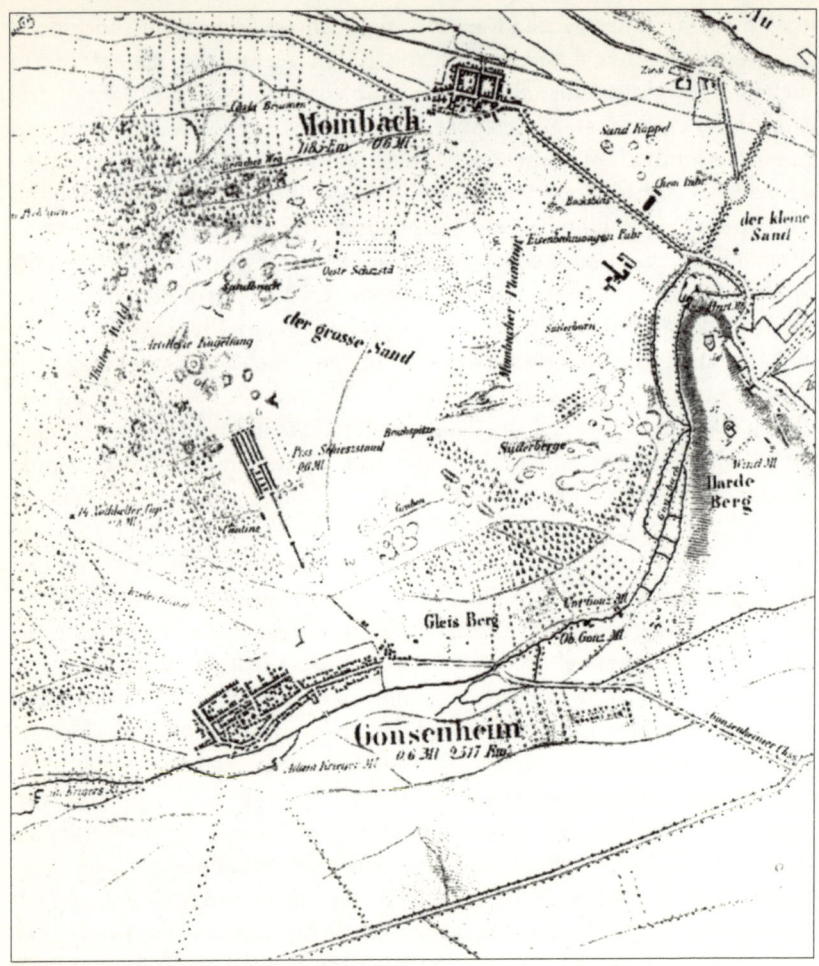

Gonsenheim auf einer Karte von 1858
Die Grabenstraße ist schon beidseitig bebaut, die Engelstraße nur halb auf einer Seite. In diesem Viertel wurden Arbeiterhäuschen gebaut. Die Österreicher übten das Schießen in Mombach, die Preußen in Gonsenheim hinter ihrer Kantine, heute Gaststätte „An der Krimm".

Arbeiterhäuschen in der Kirchstraße

nen Arbeiterhäuser einheitlich gestaltet. Fast alle hatten ihren Giebel zur Straßenseite, die eineinhalbstöckigen Häuser hatten nur Zimmerbreite mit zwei Fenstern im Erdgeschoss und einem im Giebeldreieck. Eine kleine Toreinfahrt führte zu einem Geräteschuppen mit Kleinställen für Schweine und Ziegen. Natürlich sind nach Ausbau und Aufstockung heute nur noch wenige „Häuschen" im ursprünglichen Zustand erhalten geblieben. Als Bauernkind und Feierabendbauer konnte sich der Fabrikarbeiter gut in die ortsansässige Bevölkerung integrieren. Die Vereine leisteten zusätzlich Hilfe, ein Zusammengehörigkeitsgefühl zu erzeugen. Sehr sym-

Die Dampflokomotive C-n 2 „Gonsenheim" der Großherzoglichen Hessischen Ludwigsbahn wurde 1872 hergestellt und erreichte bis zu ihrer Ausmusterung 1905 33 Dienst-
jahre. 1897 war die Lok – wie alle anderen – in „Mainz 813" umbenannt worden.

bolträchtig war, dass der mit dem Namen „Einigkeit" versehene zweite
Männergesangverein nach der 1845 gegründeten „Cäcilia" bei seinem ersten Auftreten 1879 das Kriegerdenkmal mit seinen Liedern miteinweihen
durfte. Die Vollendung der Reichseinheit von 1871 und die erstrebte Einigkeit unter der nicht mehr so einheitlichen Gonsenheimer Bevölkerung
waren die angepeilten Ziele.

Haupterwerbszweig und Einnahmequelle der Gonsenheimer war schon
immer der **Gemüse- und Obstanbau**. Gemeindeeinnehmer Paul Ludwig
verfasste 1843 für die großherzogliche Regierung in Darmstadt einen
solch erfolgreichen Bericht, dass er ein Jahr später gedruckt veröffentlicht
wurde. „Die Wanderversammlung der deutschen Land- und Forstwirte"
lobte 1849 den „Fleiß und die Intelligenz der (Gonsenheimer) Gemüsegärtner" und bei der „Allgemeinen Deutschen Gartenbauausstellung" in
der neuen Stadthalle in Mainz gab es viel Bewunderung und Preise. Doch
mehr darüber erfahren Sie im Kapitel Landwirtschaft, S. 44ff.

Die **verkehrsmäßige Erschließung** trug zur Attraktivität des Wohn-
ortes bei. 1871 wurden die Ludwigsbahn Mainz – Gonsenheim – Alzey,
1892 die Dampfbahn Fischtor Mainz – Große Bleiche – Münchfeld – Gonsenheim – Finthen in Betrieb genommen (GJ 6, S. 22-29, 12, S. 21-42, 13,
S. 60-83 u. 14, S. 113-143). Das ansprechende Wohnklima im Luftkurort
Gonsenheim in Waldesnähe, niedrige Grundstückspreise und die günstige
Verkehrsanbindung entfachten einen Bauboom von 1892 bis zum Ersten
Weltkrieg. Zu den alteingesessenen Landwirten und Gärtnern und später den Arbeitern errichteten nun Beamte, Großkaufleute und ehemalige

Villa in der Kaiserstraße (heute Breite Straße), den Renaissance-Stil des Rathauses nachahmend

Offiziere mehrstöckige villenartige Häuser mit verzierten Giebeln, Erkern und Balkonen im kleinen Villenviertel, in der Kaiserstraße (heute Breite Straße) beginnend, und große mondäne Villen in Heidesheimer-, Luisen- und Friedrichsstraße. Wohnten 1801 nur 1 106 Einwohner, allesamt

Die Gonsenheimer konnten mit dem Feiern wieder einmal nicht abwarten. 1956 feierten sie das fünfzigjährige Jubiläum ein Jahr zu früh, denn die erste Straßenbahn fuhr erst am 14. Juni 1907 nach Gonsenheim.

Katholiken, in Gonsenheim, so wurden bei der Volkszählung 1905 schon 5 473 Einwohner (inklusive 379 Soldaten) registriert, von denen 4 619 Katholiken, 855 Evangelische und – erstmals aufgeführt – 10 Juden waren (aus: Mainzer Anzeiger v. 11. u. 17.12.1905). Innerhalb eines Jahrhunderts hatte sich die Bevölkerung fast verfünffacht, etwa ein Siebtel war evangelisch.

Um als unabhängige Gemeinde weiter zu existieren, konnte sich Gonsenheim ein eigenes Wasserwerk, Gaswerk, eine Gemeindepost und eine Gemeindeapotheke leisten. Die Schule wurde weiter ausgebaut, der dritte Friedhof in der Kirchstraße (heute große Spielwiese am Bürgerbrunnen) eingerichtet. Mit der elektrischen Straßenbahn 1907 hatte der Prominentenvorort und die Gartenstadt von Mainz sogar eine dritte Bahnverbindung und die Städter fuhren zur Erholung und zum Vergnügen zum Lennebergwald und speisten und tranken anschließend in Gonsenheimer Gaststätten, denn in die Ferien zu fahren konnten sich nur Reiche leisten.

2.7 GONSENHEIM IM ERSTEN WELTKRIEG UND WÄHREND DER BESATZUNGSZEIT (BIS 1930)

In diese Hochkonjunktur brachte der Erste Weltkrieg (1914-1918) einen tiefen Einbruch. Die Gonsenheimer haben ihn erlebt als „die entsetzlichste, grauenhafteste Katastrophe, die je die Welt gesehen hat." (Schuth) 1 600 Männer zwischen 18 und 48 Jahren wurden eingezogen, 180 von

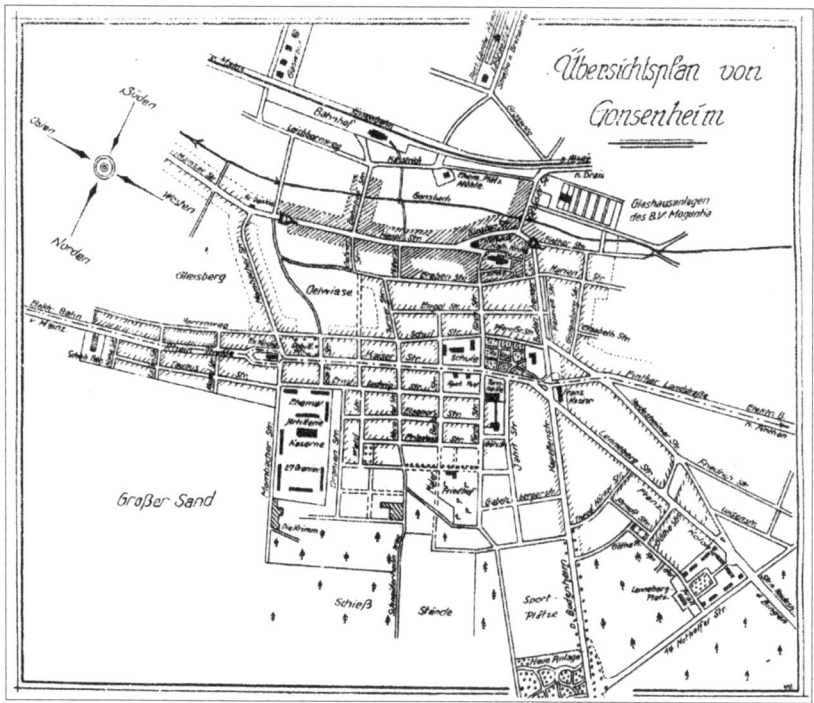

Gonsenheim auf einem Übersichtsplan von 1929
Die Rheinstraße (heute Elbestraße), die Friedensstraße und der Lennebergplatz mit der Siedlung Klein-Frankreich für die Familien französischer Besatzungsoffiziere sind schon bebaut. Erst 1931 wird der Waldfriedhof errichtet
werden.

ihnen – fast 12 % – kamen durch den Krieg um. So war etwa die Hälfte
der männlichen Bevölkerung an der Front. Besonders die arbeitsintensi-
ve Landwirtschaft litt darunter. Frauen mussten die Rolle ihrer Männer
übernehmen, später auch Kriegsgefangene, um den eintretenden Mangel
und den Hunger einzudämmen. Doch der Frieden nach der Niederlage
sollte noch schlimmer werden, was die materielle Not anbetraf. Besonders
niederschmetternd aber war die Besatzungszeit, wie im vorhergehenden
Kapitel (2.5, s. S. 18ff) beschrieben (G 17, S. 6-33). Die Inflation vergrößerte die Armut. Auch in Gonsenheim wurde Notgeld gedruckt.

Mitte der zwanziger Jahre ging es dann wieder etwas aufwärts, wie im gesamten Reich, so auch in Gonsenheim. Dass die Bevölkerung wieder Mut
fasste, erkennt man an der steigenden Zahl der Eheschließungen und Ge-

burten. Es wurde auch wieder gefeiert. 1926 gab es bei 6 345 Einwohnern 38 Wirtschaften. Im Jahr der Rheinlandbefreiung 1930, als die französische Besatzungsmacht endgültig abzog, wurde der vierte Teil des Maler-Becker-Schulkomplexes mit Turnhalle, Schulküche und einem Volksbad eingeweiht. Doch die Weltwirtschaftskrise führte auch unter den Gonsenheimern zu Arbeitslosigkeit und belastete den Gemeindeetat, verhinderte aber auch die Ansiedlung von Industriebetrieben. Nach dem Abzug der großen französischen Besatzungskolonie, planten die Gonsenheimer Gemeindeväter nämlich, brachliegendes Gemeindeland zur Ansiedlung von Gewerbe und Industrie zu verkaufen, um die leere Gemeindekasse etwas zu füllen und Gewerbesteuer einnehmen zu können. Die Weltwirtschaftskrise machte ihnen einen Strich durch die Rechnung.

2.8 Die Zwangseingemeindung 1938 während der NS-Zeit (1933-1945)

Am 5. März 1933 wählten bei der Reichstagswahl 43 % der Gonsenheimer Wähler die NSDAP, die Partei Hitlers. Über die Machtergreifung in Gonsenheim 1933, als alle Vereine und Organisationen auch vor Ort gleichgeschaltet wurden, habe ich im Gonsenheimer Jahrbuch 10 berichtet. In der evangelischen Gemeinde gab es – wie fast überall im Reich – einen Kirchenkampf zwischen den Deutschen Christen, zu denen der amtierende Pfarrer Jürgens gehörte, und den Evangelischen der Bekennenden Kirche (GJ 9, S. 58-84).

Ein Beispiel soll die Lage während der NS-Zeit charakterisieren. Die „Amtlichen Nachrichten der Gemeinde Gonsenheim" berichteten darüber. Zur Volksbefragung am Sonntag, dem 19. August 1934, wurden alle „Kameraden, Kameradenfrauen und Hinterbliebene" der NSKOV (NS-Kriegsopferversorgung = Vorläufer des VdK) mit Familienangehörigen aufgefordert, um „Punkt 8 Uhr" am Schillerplatz (heute Josef-Ludwig-Platz) anzutreten. Erst nach der „Kontrolle" erfolgte ein „geschlossener Abmarsch zum Wahllokal unter Vorantritt der Kapelle". Die Mitglieder der NS-Kriegsopferversorgung wurden von ihrem Obmann aufgefordert, „unserem Frontkameraden – dem Führer und Reichskanzler Adolf Hitler – unsere Anhänglichkeit und Treue zu beweisen. Dem Führer Dein Ja!" Natürlich wurden die „Kameraden" auch verpflichtet, am folgenden Freitag „geschlossen [zu] der [Rundfunk]-Übertragung der Rede des Führers in der Turnhalle" zu kommen. NS-Ortsgruppenleiter Grabfelder forderte alle Gonsenheimer auf, schon am Vormittag die „Wahlpflicht" zu erfüllen. Die Kirchweihe könne erst beginnen, wenn „eine 100-prozentige Wahlbeteiligung stattgefunden" habe. Wer oder was sollte gewählt werden? Reichspräsident Hindenburg war gut zwei Wochen zuvor, am 2. August 1934, gestorben. Reichskanzler Hitler vereinigte darauf die beiden Ämter des Reichspräsidenten und des Reichskanzlers in einer Person, indem er sich von nun an „Führer und Reichskanzler" nannte. Die Volksbefragung erbrachte im Reich eine Zustimmung von 84 % (GJ 15, S. 15).

Die Gonsenheimer Nationalsozialisten rechneten es sich als Erfolg an, dass der durch die Besatzungs- und anschließende Krisenzeit ins Minus gerutschte Gemeindeetat wieder ausgeglichen werden konnte. So war auch Gonsenheim zur Zwangseingemeindung für die Großstadt Mainz attraktiv geworden. Gegen den Druck des Mainzer Oberbürgermeisters Barth und des Militärs, das in die 1937/38 gebaute Kathen-Kaserne eingezogen war, konnte Gonsenheim die Eigenständigkeit nicht beibehalten. Am 1. April 1938 wurde es Mainzer Stadtteil, der Bürgermeister wurde zum Ortsvorsteher und der Gemeinderat wurde aufgelöst (GJ 15, S. 49-81). Während des Zweiten Weltkriegs kamen 303 Gonsenheimer an der Front um, doch auch in der Heimat gab es Beschuss aus der Luft schon seit 1940 und am Ende Gefechte, sodass 59 Ziviltote zu beklagen waren.

2.9 VON DER NACHKRIEGSZEIT BIS HEUTE

Die Amerikaner haben zwar am 21. März 1945 Gonsenheim kampflos eingenommen, doch nach den Zoneneinteilungen der Alliierten wurden sie durch Franzosen ersetzt. Aus der Kathen-Kaserne wurde die Mangin-Kaserne. Anfang der fünfziger Jahre wurden die französischen Soldaten von amerikanischen Soldaten abgelöst, doch nicht mehr als Besatzer, sondern als Verbündete durch den NATO-Vertrag. Aus der Mangin-Kaserne wurden die Robert E. Lee-Barracks. Erst nach der weltpolitischen Wende von 1989 zogen die letzten amerikanischen Truppen 1992 ab. Die Kaserne stand jahrelang leer. Trotzdem durchwühlten von Zeit zu Zeit noch Truppen mit Panzern den Großen Sand, um den Wüstenkrieg zu üben!

Gonsenheim hat nie eine Industrieansiedlung zu fürchten brauchen. In der Weltwirtschaftskrise fand sich kein Investor zum Kauf von brachliegendem Gemeindeland. Während der Aufrüstung in der NS-Zeit 1937/38 wurde das Areal der einstigen Kaisermanöver und des Flugplatzes mit der Goedecker-Flugzeugfabrik zum Aufbau einer Kaserne und dem dazu nötigen Übungsgelände gebraucht. Heute wohnen dort friedlich ca. 4 000 Gonsenheimer. Die Eingemeindung 1938 war von der Stadt hauptsächlich geplant als Wohnstadt und Wald-Erholungsgebiet für gestresste Großstädter. So breitete sich die Gonsenheimer Bevölkerung nach dem Zweiten Weltkrieg und in den Zeiten des Wirtschaftswunders um den alten Ortskern explosionsartig aus, aber es kam nie der Gedanke auf, in Gonsenheim Fabriken anzusiedeln. Die Mittelstandsbetriebe im Gonsenheimer Gewerbegebiet brauchen keine Schlote, um die Umwelt zu verpesten.

Gonsenheim in den 1950er Jahren

Die von der französischen Besatzungsmacht in Auftrag gegebenen Siedlungen an Carlo-Mierendorff Straße, Canisiusstraße, Goerdeler-Straße und die

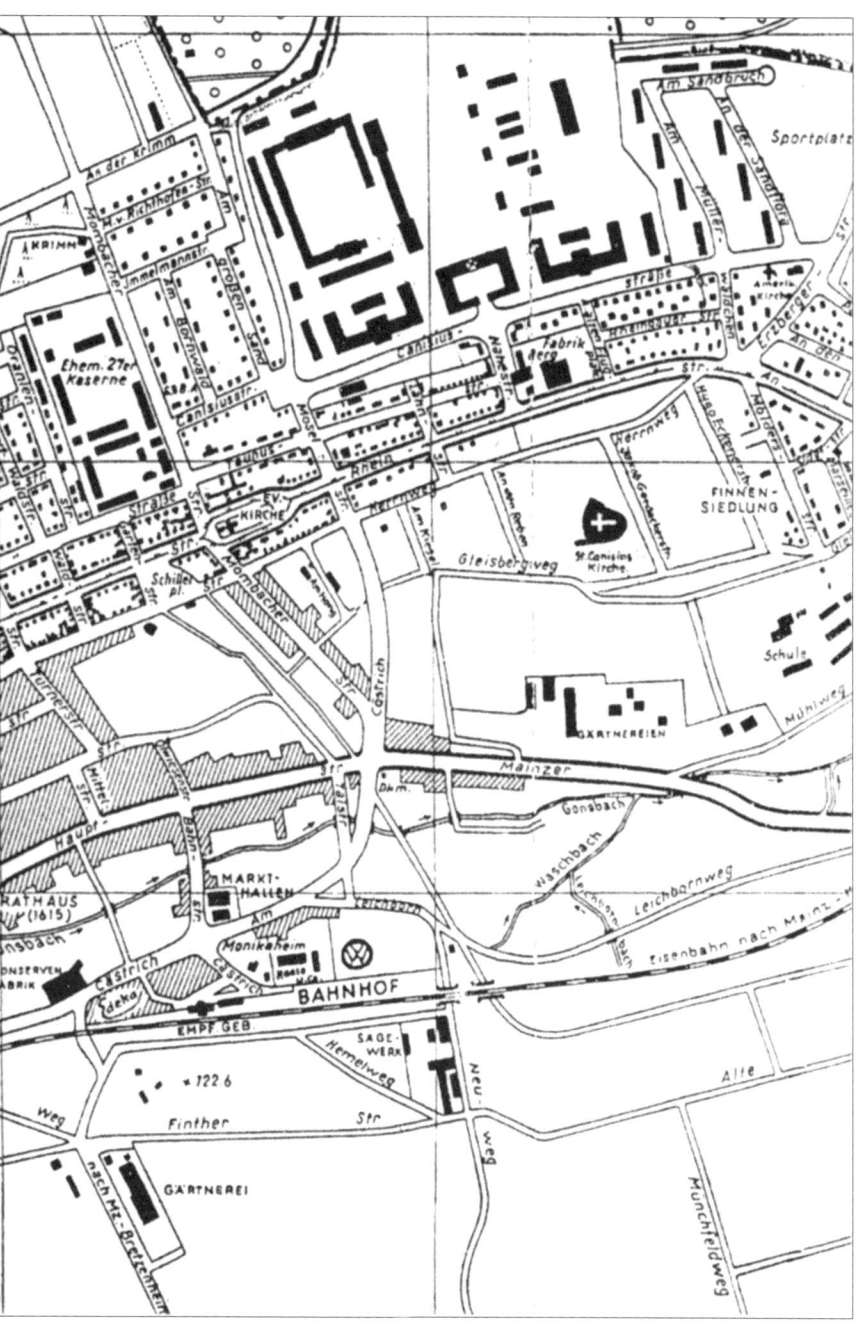

Wohnblocks für die Besatzung in der Finther Landstraße sind schon hinzugekommen. Der Gleisberg wartet noch auf seine Bebauung.

Dafür musste der erste Mainzer Vorort im 20. Jahrhundert, der Industriestandort Mombach, herhalten.

Doch die Gonsenheimer Landwirtschaft verlor immer mehr Bodenfläche durch die vielen Wohnsiedlungen. Seit den letzten Kriegsjahren wurden die Holzhäuser der Finnensiedlung errichtet. Dann folgten die von den Franzosen in Auftrag gegebenen drei Siedlungen mit Montagehäusern an der Carlo-Mierendorff-Straße, zwischen der Canisiusstraße und der Elbestraße und zwischen der Goerdelerstraße und der Bruchspitze. Nach der Gründung der Bundesrepublik 1949 zog sich die französische Besatzungsmacht immer stärker zurück, so dass die leer stehenden Neubauten seit 1950 von den Landesbediensteten der neuen Landeshauptstadt Mainz bezogen wurden. Das Waldvillenviertel wurde nach Westen hin vergrößert. Für die Amerikaner wurden die Wohnblocks an der Finther Landstraße und der Sandflora errichtet. Es folgte die Bebauung des Gleisbergs und des Hartenbergs. Am Hemel entstand hinter dem Gonsenheimer Bahnhof ein ganz neues Gewerbegebiet.

In den sechziger Jahren wurde der schöne Wald vom Autobahnring um Mainz durchschnitten. Auf dem Gelände der Schießstände entstand in den Siebzigern die Hochhaussiedlung an der Elsa-Brändström-Straße, heute „Elsa" genannt. Bis zu 6 000 Menschen haben hier eine Bleibe gefunden. Die Gebiete Münchfeld und Hartenberg wurden 1989 aus der Gonsenheimer Gemarkung herausgelöst und der neue Mainzer Stadtteil Hartenberg-Münchenfeld – kurz HaMü – geschaffen. Auf dem Kasernengelände entstand das Wohngebiet Am Gonsenheimer Sand oder Krongarten für etwa 4 000 Menschen, die Kasernengebäude selbst werden zivil genutzt oder sind nach langem Leerstand noch im Ausbau zu Luxuswohnungen. Auf der Fläche des ehemaligen Panzerwerks, wo einst die Hälfte der in der Bundesrepublik stationierten amerikanischen Panzer repariert wurden, entsteht der Wohnpark Gonsbachterrassen. Das Baseballstadion wird in die Gonsbach-Niederung verlegt, um weiteren Bauplatz zu schaffen. In Gonsenheim ist ein erneuter Bauboom ausgebrochen, sodass die Einwohnerzahl des Vorortes fast 22 000 erreicht hat.

Was ursprünglich eine „Zwangsehe" zwischen der Großstadt Mainz und dem Vorort Gonsenheim war, ist zumindest eine „Vernunftehe" geworden. Vielleicht könnte man sogar von einer „Liebesehe" sprechen.

3.1 DER ORTSNAME

Der **Ortsname Gonsenheim** ist ein Patronymikon, ein nach dem Namen des Vaters oder Vorfahren (lat. pater = Vater) durch Anhängen einer Endsilbe gebildeter neuer Name, z.B. Peter + sen = Petersen = Peters Sohn oder Karolinger = Karls Söhne bzw. Nachfolger. Bei Gonsenheim war ein **Gonso** oder **Gunzo** ein Vorfahre oder Herr, ein Mitglied der Oberschicht. Der Personenname ist abgeleitet von gunthaz, gunthi für Kampf, Kämpfer. Seine Sippe oder Truppe waren wohl Königsfreie, die sich in einem **–heim** mit der Bedeutung „Haus, Wohnort, Siedlung Dorf" niederließen. Dieser auf -heim endende Name ist typisch für die sogenannte fränkische Landnahme des 6. Jahrhunderts, als die Franken nach dem Abzug der römischen Truppen den deutschen Südwesten besiedelten und die Herrschaft übernahmen. Im nördlichen Rheinhessen gibt es 51 solcher „heim"-Orte, von denen 28 vor 800 erstmals urkundlich erwähnt wurden. Es sind meist Gruppensiedlungen und nicht Einzelgehöfte, wie z. B. Aussiedlerhöfe.

3.2 DAS WAPPEN

Am 25. November 1925 bestätigte der Minister des Volksstaats Hessen in Darmstadt „der Gemeinde Gonsenheim auf ihr Nachsuchen die Führung ihres althergebrachten Wappens: **In rotem Feld ein goldener Gänsefuß**". Wie ist der „Gänsefuß" in das althergebrachte Wappen gekommen?

Zur Beantwortung dieser Frage werfen wir einen Blick auf das älteste Haus Gonsenheims in der Mainzer Straße 21/23, das **Gänsehof** oder **Johannis Herren Hof** genannt wird. Sein mittelalterlicher Ursprung wird durch die Massivbauweise, den stark nach hinten fallenden Steingiebel, einen „hinterlastigen gotischen Schildgiebel" und das durch Sandsteinumrahmung verbundene Fensterpaar gekennzeichnet. Es wurde am 31. Juli 1599 vom Besitzer, dem Stift St. Johann in Mainz, an Jacob Ludwig für 650 fl. (Gulden) verkauft.

Dieses massive Steinhaus dürfte demnach wesentlich älter sein. In der Mitte des Hoftorbogens ist als Wappen ein goldener Gänsefuß auf rotem Untergrund angebracht, der Türsturz über der linken Seitentür zeigt ein Wappen mit zwei gekreuzten Feldgeräten – wohl Hacke und Sense – zwischen den Initialen „JL" und der Jahreszahl 1603. Daraus ist zu schließen, dass das von Jakob Ludwig erworbene Gebäude nach Umbau oder Erneuerung im Jahre 1603 vollendet wurde. Einen vollständigen Neubau sollte man ausschließen, sowohl wegen des mittelalterlich anmutenden Äußeren als auch aus finanziellen Gründen und nicht zuletzt wegen der nicht vorhandenen Notwendigkeit. Jacob Ludwig war zwar durch seine Landwirt-

Das Gonsenheimer Wappen: „in rotem Feld ein goldener Gänsefuß"

schaft reich geworden – er fühlte sich zum Bauernadel gehörig und hatte sich deshalb auch wie Adlige ein Wappen zugelegt – war aber so realistisch und bodenständig, dass er keine Fabeltiere, sondern zwei Feldgeräte wählte, deren Benutzung ihn so wohlhabend gemacht haben. Seine Initialen und sein Wappen sowie sein Titel „Schulteis alhier zu Gonsenheim" sind auch auf dem Sockel des Rathaus-Erkers eingraviert. Er hatte schon zum Neubau der Kirche und des Rathauses große Summen beigetragen, nach dem Kauf des Anwesens für 650 Gulden blieb sicherlich kein Geld, um das Haus abzureißen und neu zu bauen. Warum auch?

Im Kaufvertrag steht auch, dass das dazugehörige Gelände „über die Bach (= Gonsbach) abgesteckt und gesteint" ist. Die Johannisherrn haben also die ihnen gehörenden Grundstücke mit Grenzsteinen versehen. Auf ihnen ist zur Kennzeichnung des Besitzers wie über dem Eingang zum Gänshof ein Gänsefuß eingraviert. Der Gonsenheimer Hobbyarchäologe Arnold Malzer fand einen solchen Grenzstein mit „dem Buchstaben G und dem Gänsefuß in einer gewölbten Vertiefung" und der Jahreszahl 1771 am Weg zwischen Vierzehn-Nothelfer Kapelle und Wendelinusheim. Weitere Steine lassen sich wohl kaum finden, da das Johannisstift 1802 aufgehoben wurde und spätestens dann die Besitzer gewechselt haben und die Grenzsteine verschwunden sind.

Die Johannisherrn haben aber nicht nur ihre Besitztümer mit dem Gänsefuß auf den Grenzsteinen und an ihren Häusern gekennzeichnet, sondern auch ihre Siegel, mit denen sie die Quittungen der Abgaben der Gonsenheimer versahen. Manchmal soll das Siegel bei Abfassung und Unterzeichnung von Verträgen dem Dorf geliehen worden sein. Als sich das Ortsgericht später ein eigenes Siegel zulegte, übernahm es das Wappen der geistlichen Herren. Ein beschädigtes Gonsenheimer Gerichtssiegel von 1569 zeigt den Gänsefuß, ein Abdruck von 1744 mit dem Gänsefuß trägt die Umschrift: „Gonsenh. Kleines Gerichtssigill". So ist der Gänsefuß in die Siegel der politischen und der Pfarrgemeinde gelangt. Eine stark vergrößerte Nachbildung des Pfarrsiegels kann man am Eingang zur Pfarrkirche St. Stephan bewundern. Es zeigt den heiligen Stephan als Kirchenpatron mit den Steinen, die ihm den Tod als erstem christlichem Märtyrer brachten. In der rechten Hand hält er allerdings die Siegespalme. Darunter ist im Wappenschild ein Gänsefuß abgebildet und in der Umschrift der Hinweis auf das Siegel der Pfarrgemeinde (PAR = parochia) St. Stephan. Welche Bedeutung hat aber die Gans bzw. der Gänsefuß? Die **Gans** ist im Christentum immer mit dem heiligen Martin verbunden. Das Tier ist sozusagen das Erkennungszeichen des Heiligen. Die Legende berichtet, dass das Volk und die Geistlichkeit von Tours Martin zum Bischof haben wollten. Da er bescheiden und asketisch lebte, meinte er nicht fähig und nicht würdig genug zu sein, ein solch hohes Amt mit großer Verantwortung übernehmen zu können. Da er sich aber in einem Gänsestall versteckte und die Tiere so aufgeregt schnatterten, wurde er entdeckt und gegen seinen Willen zum Bischof geweiht.

Das **Martinsgans**-Essen am **11. November**, dem Namenstag des Heiligen, ist jahrhundertealtes Brauchtum. Am Tag vor der vierzigtägigen Fastenzeit vor Weihnachten, durfte man sich noch einmal richtig vollstopfen und prassen. An diesem Tag wurde auch der Zehnt abgeliefert, früher in Naturalien, oft in Gänsen, da ein Durchfüttern durch die kalte Winterzeit für die Bauern hohe Futtergaben notwendig gemacht hätte. Außerdem fingen Dienstverhältnisse an oder wurden beendet, ein Gesindewechsel fand statt, Pacht-, Abgaben- und Lohnzahlungen erfolgten. Der Martinstag war demnach ein bedeutender Tag für Wirtschaft, Berufsleben und Geselligkeit.

Was haben nun die **Johannisherren mit dem Gänsefuß** zu tun, wenn die Gans das Erkennungszeichen des heiligen Martin ist? Das Johannisstift in Mainz war einst im Bereich der heutigen Johanniskirche, gegenüber dem Dom. Hier hat Erzbischof Hatto (891-913) seinen Dombau errichtet, der dem heiligen Martin geweiht war, dessen Verehrung sich in damaliger Zeit als Nationalheiliger der Franken verbreitete. Im 13. Jahrhundert tauchte im Volksmund der Name „alter Dom" auf. Erst Erzbischof Willigis hat nach 975 mit dem Bau eines neuen Domes begonnen, östlich des bisherigen Domes. Deshalb feierten die Mainzer im Jahr 1975 die Tausendjahrfeier des Domes. In der Zwischenzeit hat sich herausgestellt, dass dieser Termin zu früh datiert worden war.

Bei der Krönung König Heinrichs II. durch Willigis in Mainz 1002 war der neue Dom aber noch nicht fertig; da diese Amtshandlung aber – nach einem Bericht – vor dem Altar des heiligen Martin stattgefunden hat, der bei einer solchen Handlung ein Hochaltar gewesen sein muss, kann die Krönung nur im alten Martinsdom, der späteren Johanniskirche, stattgefunden haben. Da erst Erzbischof Bardo 1036 den neuen Dom nach dem Brand von 1009 endgültig auf den Patron St. Martin weihte, gründete er im nun nicht mehr gebrauchten alten Dom ein Martinsstift. Unter Stift versteht man eine Vereinigung oder ein Kollegium von Geistlichen an einer Stiftskirche, die klosterähnlich leben und besondere Aufgaben erfüllen. Dafür ist ihnen Grundbesitz und Vermögen gestiftet worden.

Nun gab es einen Martinsdom und direkt gegenüber ein Martinsstift, der heilige Martin fungierte als Patron eines Domes und eines Stifts. Um Verwechslungen mit dem doppelten Martinspatrozinium zu vermeiden, fand ein Patroziniumswechsel statt. Erstmals 1128 wurde ein Johannisstift erwähnt. Aus den Martinsherren waren Johannisherren geworden.

Der Gänsefuß als Symbol der Martinsherren blieb erhalten, auch nachdem sie nun Johannisherren geworden waren; auch das Datum der Zinserhebung und alle anderen Gebräuche wurden nicht geändert. „Nicht das Johannisfest, sondern der Martinstag war der Weihetag von St. Johannis." Oder hätten die Grenzsteine andere Symbole bekommen sollen? Auch die ihre Abgaben abliefernden Bauern hätten alte Gewohnheiten ändern müssen. Im Jahre 1659 haben der Gonsenheimer Schultheiß und seine sechs Gerichtsschöffen auf Anordnung des Dompropsts als Ortsherrn die vorhandenen Grenzsteine der Gemarkung überprüft und gezählt. Es müssen insgesamt etwa 80 gewesen sein. An den althergebrachten Gebräuchen haben die Johannisherren nichts geändert. So war St. Johannis vom 11. Jahrhundert bis zur Aufhebung 1802 Stiftskirche für bis zu zwölf Kanoniker. Der ausgegrabene Grenzstein zeigt immerhin die Jahreszahl 1771.

Manchmal wird die Meinung vertreten, der Gänsefuß sei die Klaue eines Greifvogels, weil Georg Friedrich von Greiffenklau Dompropst war und damit als Gonsenheimer Ortsherr auch 1615 Erbauer des Rathauses, bevor er Mainzer Erzbischof von 1626 bis 1629 wurde. Aber der Gänsefuß wurde erstens schon lange vor der Wahl Greiffenklaus zum Dompropst im Jahre 1604 benutzt und zweitens kommt so ein Tierfuß im Wappen Greiffenklaus auf dem Gonsenheimer Rathauserker nicht vor.

Der Gemeindeeinnehmer Paul Ludwig verfasste 1843 einen so detaillierten und aussagekräftigen Bericht über die Gonsenheimer Landwirtschaft an die großherzogliche Regierung in Darmstadt, dass er sogar gedruckt wurde. Voller Stolz und Selbstbewusstsein schrieb er von einer „klassisch bemerkenswerthen Gemarkung". Er nannte den Gonsbach „rivus consulis" und leitete von „Consulisheim" den Ortsnamen Gonsenheim ab. Ein großherzoglicher Beamter in Darmstadt, der den Bericht lesen musste, schrieb einen spöttischen Kommentar an den Rand: „O, ihr eitlen Gonsenheimer, ihr seid auf dem Holzweg, euer Bach hat früher Gänsbach geheißen, weil eure Vorfahren die Gänse für kurfürstliche Feinschmecker fettgemacht haben."

Natürlich werden einige Gonsenheimer, die die Felder der Johannisherren bearbeiteten, am Martinstag Gänse abgeliefert haben. Doch daraus die Benennung des gesamten Ortes abzuleiten, scheint doch übertrieben.

4. ORTSVERWALTUNG

Die Ortsverwaltung ist in der oberen Etage des Renaissance-Rathauses untergebracht. Bei den beiden Verwaltungsangestellten Frau Beck und Frau Becker können u. a. alle Ausweis- und Passangelegenheiten erledigt werden. Auch standesamtliche Trauungen können Sie hier vereinbaren. Ortsverwaltung Gonsenheim, Pfarrstraße 1 (Rathaus), 55124 Mainz-Gonsenheim, Tel.: 44651 u. 41842, Fax: 466165, E- Mail: ortsverwaltung. gonsenheim@stadt.mainz.de

4.1 ORTSVORSTEHER/IN UND ORTSBEIRAT

Das Gebiet der Stadt Mainz ist in 15 Ortsbezirke eingeteilt, die alle einen direkt gewählten Ortsbeirat mit je 13 Mitgliedern und eine(n) direkt gewählte/n Ortsvorsteher/in haben, der/die Vorsitzende/r des Ortsbeirates ist und diesen nach Bedarf zu Sitzungen einberufen kann.

Der Ortsbeirat muss sich um die Belange des Ortes kümmern und ist zu allen wichtigen Fragen, die den Ortsbezirk betreffen, vor der Beschlussfassung des Stadtrates zu hören. Am öffentlichen Teil der Sitzungen kann jeder teilnehmen. Bei der Einwohnerfragestunde „können jeweils zwei Fragen aus dem Bereich der örtlichen Verwaltung an den oder die Vorsitzende/n gerichtet werden." Die Sitzungen müssen in beiden Mainzer Tageszeitungen bekannt gemacht werden.

Der/die Ortsvorsteher/in vertritt die Belange des Ortsbezirkes gegenüber dem Oberbürgermeister und dem Stadtrat. Er/sie „ist deshalb befugt, an den Sitzungen des Stadtrates teilzunehmen und das Wort" zu Angelegenheiten des Ortsbezirkes zu ergreifen.

Das sind die vereinfachten Formulierungen der Hauptsatzung der Stadt Mainz und der Gemeindeordnung. Was heißt das in Wirklichkeit? Die Funktion des Ortsbeirats ist immer nur eine beratende geblieben. Letztendlich entscheidet doch immer der Stadtrat. Sehr offensichtlich wurde das bei der Frage der Streichung der Gonsenheimer Ehrenbürgerschaft Hitlers im Jahre 2002. Die Gemeinderäte und der Bürgermeister der selbstständigen Gemeinde Gonsenheim hatten zwar 1933 den Führer zum Gonsenheimer Ehrenbürger erkoren, doch Ortsvorsteher und Ortsbeiräte des heutigen Vororts konnten diese Ehrung nicht selbstständig rückgängig machen, sie mussten im November 2002 die Hilfe des Mainzer Stadtrats erbitten, durch dessen Beschluss Hitler aus der Ehrenliste gestrichen wurde. Selbst bei der Wahl von Straßennamen entscheidet letztendlich der Stadtrat.

Die **Wahlen zum Stadtrat bzw. Ortsbeirat** sind personalisierte Verhältniswahlen, sodass der Wähler so viele Stimmen hat, wie Mitglieder in den Stadtrat (60) bzw. Ortsbeirat (13) zu wählen sind. Er kann also 60 bzw. 13 „Kreuzchen" auf eine oder verschiedene Wahlvorschläge (= Parteien) verteilen (panaschieren), wobei er einem Kandidaten bis zu drei Stimmen geben kann (kumulieren). Er kann auch einem Wahlvorschlag (Partei) durch Ankreuzen in der Kopfleiste alle oder die verbliebenen Stimmen geben. Die **Ortsvorsteherwahl** ist eine absolute Mehrheitswahl, d. h. im ersten Wahlgang gewinnt nur der Kandidat mit mehr als der Hälfte der Stimmen, sonst muss eine Stichwahl unter den beiden Bestplazierten stattfinden. Das aktive und passive Wahlrecht beträgt 18 Jahre.

In den letzten Jahren ist die Frage diskutiert worden, ob so viel Aufwand getrieben werden muss, wenn Ortsvorsteher(in) und Ortsbeirat doch nur beratend wirken können.

Kommunale Einrichtungen in Gonsenheim sind das Jugendzentrum GoFi, Mainzer Straße 2, Tel. 44280, die Stadtteilbücherei in der Maler-Becker-Schule, Tel.: 41747, und der Stadtteiltreff Elsa-Brändström-Straße, Am Sportfeld 7 G, Tel.: 687501.

4.2 DIE EINGEMEINDUNG

Gonsenheim war eine selbstständige Gemeinde mit einem direkt gewählten Bürgermeister, seit 1913 hauptamtlich, einem direkt gewählten Adjunkt, d. h. Stellvertreter oder Beigeordneter, und einem direkt gewählten Gemeinderat. Sie haben alles versucht, um diese Selbstständigkeit beizubehalten, konnten aber nichts gegen die Zwangseingemeindung zum 1. April 1938 ausrichten, da der Druck der Stadt Mainz und des Militärs zu stark war, das in demselben Jahr die neuerbaute Kathen-Kaserne bezog (GJ 15, S. 49-81). Über Vor- und Nachteile ist seitdem viel diskutiert worden, z. B. können Ortsvorsteher und Ortsbeirat nicht mehr selbstständig entscheiden. Andererseits können die Gonsenheimer z. B. ohne Strom- und Gasversorgung aus den Mainzer Stadtwerken nicht auskommen usw. (Literatur: Stadtteilblätter Mainz-Gonsenheim (in der Ortsverwaltung erhältlich), www.mainz.de/Ortsbeiräte)

5. ENTWICKLUNG DER EINWOHNERZAHLEN

Die ersten verlässlichen Zahlen stammen von den französischen Behörden während der Besatzungszeit 1797-1814. Für die Zeit davor kann die Einwohnerzahl nur aus der Zahl der Abgabepflichtigen erschlossen werden, die der Zahl der Haushaltsvorstände entspricht, multipliziert mit einer durchschnittlichen Zahl von Familienmitgliedern. In den Kirchenbüchern wurden nur die Kasualien, d. h. die kirchlichen Handlungen wie Taufen, Hochzeiten und Beerdigungen aufgeführt, eine Einwohnerzahl wurde nicht ermittelt.

Unter hessen-darmstädtischer Herrschaft nach 1816 haben die Gemeinde-Einnehmer die Einwohnerzahl erheben müssen. Es fanden auch Volkszählungen statt und Zivilstandsregister wurden angelegt mit Geburten, Eheschließungen und Sterbefällen.

Bei den hier vorliegenden Zahlen habe ich nur die wirklich verbürgten benutzt und die Quellen angegeben. Es existieren manchmal unterschiedliche Zahlen.

Abkürzungen: Evang. = Evangelische, Geb. = Geburten, Kath. = Katholiken, m = männlich, w = weiblich

Zwischen 1800 und 1905 hat sich innerhalb eines Jahrhunderts die Einwohnerzahl verfünffacht.

1365: ca. 160

1665: ca. 400 (Krawietz 1986, S. 85)

1800: 1 100

1806: 1 202 (547 m, 655 w, mehr Töchter, Witwen, Ledige, Mägde)

1861: 2 600 (nach Hesse 1 835, S. 13 u. Lehne 1 864, S. 48)

1905: 5 473 (Volkszählung: 4 619 Kath., 855 Evang., 10 Juden)

1919: 6 345 (Angabe Bürgermeister Alexander)

1925: 6 617 (Volkszählung: 3 094 m, 3 523 w und mindestens 2 000 Besatzungstruppen und Offiziersfamilien; nach Schuth)

1933: 8 517 (Volkszählung 16.6.1933)

1949: 12 783

2010: 21 737 (31.12.2010 laut Melderegister)

6. LANDWIRTSCHAFT UND GEWERBE

6.1 Die Landwirtschaft

Schon vor etwa 7 000 Jahren trieben die Bandkeramiker auf dem Kisselberg und den lösshaltigen Hängen des Gonsbachtals Ackerbau und Viehzucht, während sie ihre Langhäuser – vor dem Wasser geschützt – auf den Anhöhen errichteten und dort auch ihre Tongefäße brannten. Sie waren also keine umherziehenden Jäger und Sammler mehr, sondern sesshafte Bauern, die Vorratswirtschaft betrieben. Durch die Auswertung von Abfallgruben konnte der Speiseplan erschlossen werden; mehr als die Hälfte des verzehrten Fleisches stammte vom Rind, nur 19 % von gejagten Wildtieren, die vegetarische Kost setzte sich zusammen aus selbst angebautem Getreide (Einkorn, Emmer, Zwergweizen, Gerste), Hülsenfrüchten (Erbsen und Linsen) und Wildfrüchten.

Die landwirtschaftliche Produktion im Gonsbachtal war von der Zeitenwende bis heute zwei Jahrtausende auf die Bedürfnisse der nahe gelegenen Stadt ausgerichtet, egal, ob dies das römische Mogontiacum, die mittelalterliche „Aurea Moguntia", die rheinhessische Provinzhauptstadt oder die rheinland-pfälzische Landeshauptstadt Mainz gewesen ist.

In **römischer** Zeit gab es kein Dorf Gonsenheim, wohl aber vier durch Ausgrabungsfunde nachgewiesene Villae rusticae – heute würde man sagen – Aussiedlerhöfe in Streulage.

Für den erzielten Gewinn konnten die reichen Gutsbesitzer in Mainz Geräte, Werkzeuge, Kleidung und Luxuswaren kaufen. Wahrscheinlich waren sie Veteranen der römischen Armee, was sich aber nicht beweisen lässt.

Der schwarze, humusreiche Boden im Gonsbachtal und das Wasser des Gonsbachs boten Garantie für mehrfache Ernten im Jahr. Es gibt viele **Beweise für die Wohlhabenheit der Gonsenheimer Landwirte** zu allen Zeiten. Bei verschiedenen Ausgrabungen der Villa rustica im Bereich der Gärtnerei

Am Fuße des Rathauserkers hat sich Schultheiß Jacob Ludwig mit seinen Initialen JL, seinem Wappen, dem Baujahr 1615 und einem Spruch verewigen lassen: mit Vleis hat betracht, wie dies/ Rathaus der gemeinwol gemacht/ Jacob Ludwigh Schulteis alhier/ zu Gonsenheim.

Auch im Winter ein schöner Anblick: die Gonsenheimer Gemüsekulturen, hier Rosenkohl.

Stein wurden Reste von Mosaikfußböden, Badeanlagen und Fußbodenheizungen gefunden (GJ 9, S. 7-13). Als der Gonsenheimer **Schultheiß** von 1595 bis 1623 **Jakob Ludwig** (Initialen: JL) den Gänshof in der Mainzer Straße, das älteste Haus im Ort, von den Johannesherrn gekauft hatte, ließ er nach einer Renovierung über dem Seiteneingang einen Stein mit der Jahreszahl 1603 und seinem Wappen anbringen: zwei gekreuzten Feldgeräten. Als reicher Mann fühlte er sich wie ein Adliger, bekannte sich aber durch die landwirtschaftlichen Geräte zum Ursprung seiner Wohlhabenheit (GJ 2, S. 34-48, GJ 9, S. 18-21 u. Werum, in: GJ 16, S. 5-32).

Wann auch immer über den Haupterwerbszweig der Gemeinde berichtet wurde, kann man mit Freude nur **Lobeshymen auf die Gonsenheimer Landwirtschaft** lesen. Als im Zeitalter der Aufklärung, vor der Französischen Revolution, die Vertreter der Physiokratie, der Herrschaft der Natur, den Vorrang der Landwirtschaft im Wirtschaftsleben predigten, sollten die Mainzer Studenten auch eben diese Landwirtschaft studieren. Der als Dozent ausgesuchte Georg Adam Schleenstein besuchte 1783 auf seiner Studienfahrt durch Mainzer Umlanddörfer zuerst Gonsenheim, von dem er schwärmte: „Die vorzüglichsten Produkte, welche hier gewonnen werden, gewährt der Gartenbau, den die hiesigen Landleute in einem Grade der Vollkommenheit treiben, der alle Aufmerksamkeit verdient. ... Die geschickte Behandlung des Bodens ... (mit der) starken Bedüngung ... in dem die meisten Gewächse freudig ihr Fortkommen haben." Die Gonsenheimer wüssten die wasserreiche Gegend und die große Nachfrage der benachbarten „volkreichen Stadt" geschickt zu nutzen. Die Gärten seien in schmale Beete mit seitlichen Gräben unterteilt, in denen sie die benötigte Wassermenge einleiten. „Erfahrung und lange Übung" hätten die Gonsenheimer zu „geschickten Küchengärtnern gemacht." Auch im benachbarten Mombach würde vor allem Gartenbau betrieben. „Allein in der Vollkommenheit, wie ich ihn in Gonsenheim antraf, wird er hier noch nicht betrieben."(Stauder S. 611-612) Nicht umsonst hat Schleenstein in seinem Text drei Mal das Adjektiv „geschickt" benutzt, wenn er die Gonsenheimer meinte.

Der Gonsenheimer **Gemeindeeinnehmer Paul Ludwig** verfasste **1843** eine detaillierte „Landwirthschaftliche Beschreibung der Gemarkung Gonsenheim", die in der „Zeitschrift für die landwirthschaftlichen Vereine des Großherzogthums Hessen" im folgenden Jahr 1844 gedruckt wurde. Der Verkauf von Gemüse aller Arten, vielfältigen Obstsorten und Kartoffeln brachten auf dem Mainzer Markt und in den Kurstädten Wiesbaden und Kreuznach gute Einnahmen.

Gemüseanbau vor 170 Jahren. Auf das gedüngte Feld wurden Kohlrabi, Kopfsalat, rote Radieschen und Wirsing durcheinander gesät. An die Furchen kamen Zwiebeln oder Wasserrettich. Hatten die Salatpflänzchen vier Blätter, wurden sie „herausgestochen", ihr Verkauf sollte „schon die Kosten der Bestellung des Landes decken". Das Feld wurde mit einer Hacke gelockert, sodass die Radieschen schon drei Wochen nach dem Salat verkauft werden konnten. Nach erneuter Lockerung und Düngung mit Jauche wurden Woche für Woche Kohlrabi und Wirsing als Gemüse oder Pflanzen auf dem Markt angeboten. Die letzten „schönen Köpfe" wurden bis Anfang Juli verkauft. Das leere Feld wurde wieder mit Salat „besetzt" und mit Feldsalat eingesät. Frühkartoffelfelder, die bis Ende Juli abgeerntet waren, wurden mit Wirsing, Sommerkohl oder Winterspinat bepflanzt. Spargelfelder wurden im Frühjahr mit Spinat und Salat, im Sommer auch mit Bohnen oder anderem Gemüse bestellt (Paul Ludwig 1844).

Die **Wanderversammlung der deutschen Land- und Forstwirte** – als Vereinigung zur Vertretung gemeinsamer Interessen dem heutigen Bauernverband vergleichbar – tagte seit 1837 alljährlich in einer anderen deutschen Stadt, im Oktober 1849 in Mainz. Eine Besichtigung Gonsenheimer Felder begeisterte einige Delegierte so sehr, dass sie besonders den „Fleiß und die Intelligenz der Gemüsegärtner" sowie ihre Aufgeschlossenheit gegenüber Neuerungen lobten, denn auch Artischocken seien in Gonsenheim angepflanzt worden (Amtlicher Bericht v. 1850). Außer dem Mainzer Markt wurden die Umgebung und auch die Badeorte Wiesbaden und Kreuznach mit allerfeinstem Gemüse beliefert, mit dem Aufkommen der Eisenbahn sogar weiter entfernte Gebiete des Deutschen Reiches.

Bei der **Deutschen Gartenbauausstellung in Mainz 1894** hatten die

Gonsenheimer Bauern Gelegenheit, ihre hochwertigen Produkte praktisch vor der Haustüre ausstellen zu können. Und sie nutzten die Chance, ein „vollständiges Bild der Gemüse- und Obstkultur unserer Gemeinde" vor den Augen der Reichsöffentlichkeit zu bieten. Etwa 35 Gemüsearten in 300 (!) verschiedenen Sorten wurden ausgestellt, u.a. 15 Sorten Salat und 12 Sorten Kartoffeln, aber auch unzählige Arten von Kräutern. Besonders erfolgreich war die Gärtnerei „Rose" mit dem Gewinn des großherzoglichen Preises. Leider wurde die Gärtnerei am 1. Mai 1895 durch einen Brand völlig zerstört.

Um die **Jahrhundertwende** verglich der evangelische Pfarrer Bechtolsheimer in seinem Buch *Erinnerungen eines Diasporapfarrers* die Bewohner der beiden ihm anvertrauten Dörfer Gonsenheim und Mombach. In beiden Orten gehe man morgens früh ins Feld und komme erst zum Frühstück zurück. Auch spät abends sehe man Mann und Frau mit Hacke und Gießkanne. An Markttagen müssten die Frauen zum Verkauf mit ihrem Marktschatz, dem geernteten Obst und Gemüse, nach Mainz. Aber dann zeige sich der große Unterschied. Während die Mombacher Ehemänner die Hausarbeiten, sogar das Kochen, besorgen müssten, **gehe der reiche Gonsenheimer Bauer mit seinem Knecht ins Wirtshaus**, um dort zu Mittag zu essen, weil es der gute Verdienst ermögliche; deshalb gehe es auch den Wirtsleuten und der Brauerei gut. Zuhause arbeite meist eine Magd oder ein Dienstmädchen. Der Gonsenheimer bestelle gerne seine Karbonade, ein in Scheiben geschnittenes Rippenstück vom Schwein, während sich der Mombacher nur an Festtagen Rostbraten oder Kalbsragout mit Nudeln leisten könne. Ausgleichend stellt Pfarrer Bechtolsheimer zum Schluss erneut eine Gemeinsamkeit fest: Ein guter Schoppen dürfe nicht fehlen (Bechtolsheimer S. 12 ff.).

Noch heute liest man als Gonsenheimer gern die Beurteilung des Mainzer Anzeiger(s) vom 26. Juni 1895: „Man sehe z.B. nach Gonsenheim, wo Dank der Thatkraft des Bürgermeisters und des Gemeinderates der allgemeine Wohlstand und die Zufriedenheit immer mehr wachsen."

Fazit: Allgemein galt für die Gonsenheimer Landwirtschaft bis zum Zweiten Weltkrieg: Der Verkauf von Gemüse aller Arten, von vielfältigen Obstsorten und von Kartoffeln brachte auf den Märkten mehr ein als die Viehzucht, die außerdem einen Futtermittelanbau erfordert hätte, wofür der gute Boden zu schade war. Deshalb waren auch keine großen Ställe notwendig. Ferkel wurden von Händlern gekauft und mit Fleischabfällen der Rindermetzgereien, Kleie aus den Mühlen und mit zum Verkauf ungeeigneten Kartoffeln gefüttert; so wurden die Schweine mit billigem Futter schnell fett.

Auf vielen Gonsenheimer Kerwe-Ansichtspostkarten stand folgendes Gedicht:

> Dort wo im Sand die zarte Sparjel sitze,
> Und uff dem Sand die Pickelhauwe blitze,
> Im duft'gen Wald, vum Baum die Hack'le falle,
> Un ringserum die Büchse lustig knalle,
> Gemüser prächtig stehn uff alle Aecker,
> Un stramm gedeih'n die ungezählte Becker,
> Un wo der Deiwel fette „Säu" dhut hole,
> Leit Gunsenum, hiermit sei's Euch empfohle!

Gemüseanbau vor 50 Jahren: Noch nach dem Zweiten Weltkrieg lief das Gemüsejahr ähnlich ab wie vor 170 Jahren, wenn auch mit teilweise anderen Sorten. Nach den Hauptarbeiten im Winter wie Düngerfahren und Bodenbearbeitung sowie der Ernte von Rosenkohl, Spinat und Krauskohl wurde Ende Februar, wenn der Boden abgetrocknet war, Lattich (Kopfsalat) gesät, im März Radieschen und Frühkarotten. Nach der letzten Rosenkohlernte wurden die abgeräumten Felder gedüngt und für die Pflanzen vorbereitet, die an den wärmsten Stellen gezogen wurden. In den Spargelanlagen wurden Dämme errichtet. Bis Anfang April wurden Kopfsalat und Kohlrabi gepflanzt, dann Rote Beete, Mangold, Petersilie und Schwarzwurzeln gesät. Ende April kamen dann die Frühkohlsorten aus den Anzuchtbeeten und der Lattich wurde abgeerntet. Im Mai hieß es hacken und Spargel und Kopfsalat ernten. Bohnen wurden gelegt, Blumenkohl und Sellerie, dazu Wirsing, Rosenkohl und Endivien gepflanzt. Im August wurden Zwiebeln, Bohnen und Tomaten geerntet, auf den freiwerdenden Stellen Herbstspinat und Feldsalat gesät, nach der Spätkartoffelernte folgten die späten Gemüsesorten. Zwei bis drei Ernten im Jahr waren also Durchschnitt, sodass der Geograph Stoelting im Nachkriegsjahr 1946 ein Hektar Bodenfläche zur Existenzgrundlage als ausreichend ansah. Besonders Kirschen wuchsen im Sandboden, auch in den Spargelfeldern, sonst aber nur an Wegen, um nicht dem Gemüse „Licht und Luft" wegzunehmen.

Die Selbstvermarktung durch Zusammenschlüsse der Gonsenheimer Landwirte: 1884 wurde der Obst- und Gemüsekulturverein nach dem Raiffeisen-Modell gegründet, 1900 gab es den Spargel- Obst- und Gemüsebauverein, vor dem Ersten Weltkrieg den Bauernverein Moguntia. Die Erzeugnisse im Eigenbau wurden auch selbst vermarktet in einer kleinen Markthalle an der Ölwiesenstraße. In der Raiffeisenstraße/Ecke Am Leichborn wurde 1951 die große Markthalle gebaut, wo die Obst- und Gemüseverwertungsgenossenschaft die Vermarktung durchführte. 1980 wurde ein Verkaufsraum mit Schaufenster angebaut. Doch mit dem Rückgang der Gonsenheimer Landwirtschaft war die Markthalle überflüssig geworden. Vor einigen Jahren wurde sie abgerissen und Wohnhäuser auf dem Gelände errichtet.

Seit 1972 existiert der Wochenmarkt mittwochs und samstags in der Kirchstraße zwischen Maler-Becker-Schule und Pfarrer-Grimm-Anlage meist mit auswärtigen Anbietern.

Heute gibt es nur noch wenige landwirtschaftliche Betriebe in Gonsenheim.

Vollerwerbsbetriebe der Landwirtschaft:

1. Obstbaubetrieb Werum:
Vermarktung über VOG (Vereinte Großmärkte für Obst- und Gemüse e.G. Ingelheim) und Hofladen

2. Acker- und Gemüsebaubetrieb Strack:
Vermarktung über Händler und an den Landhandel

3. Alfred Zimmer Gemüsebaubetrieb:
Selbstvermarktung über Wochenmärkte in Bad Kreuznach und Gonsenheim

4. Hermann Eck, selbstvermarktender Gemüsebaubetrieb:
Vermarktung über Großmarkthalle Mainz-Hechtsheim

5. Gemüsebaubetrieb Werner Schäfer:
Vermarktung über Großmarkthalle Mainz-Hechtsheim, eigenen Hofladen und an andere Hofläden in der Region

Vollerwerbsbetrieb im Gartenanbau:

1. Michael Stein, Kräuteranbau:
Vermarktung über Hofladen und Verkauf an Wochenmarktbeschicker

Nebenerwerbsbetriebe:

1. Biobetrieb Strack:
Vermarktung über Denn's Biomarkt und eigenen Hofladen

2. Obst- und Gemüsebaubetrieb Schuth:
Vermarktung über Hofladen und die VOG

3. Gemüsebaubetrieb Schwalbach:
Küchenfertige Anlieferung von Gemüse an Betriebsküchen, Kantinen und Wochenmarktbeschicker
(Liste nach Isabell Werum in GJ 16, S. 14-15).

6.2 Das Gonsenheimer Gewerbe

Die Gemeinde Gonsenheim besaß eine Schmiede und ein Backhaus im Backesgaade, die jahrhundertelang an Fachhandwerker verpachtet wurden. Die Vielfalt der Berufe unter den Gonsenheimern im Jahr 1896 ist für ein Dorf überraschend groß:

7 Barbiere (davon 4 Heilgehilfen) neben 3 Doktoren, 2 Bauunternehmer

(1 mit Bildhauerei), 2 Bierbrauer, 1 Buchdrucker, 9 Bäcker (davon 8 Meister), 2 Dekorationsmaler, 1 Gerber, 1 Glasermeister, 1 Kappenmacher, 2 Kesselschmiede, 1 Koch, 1 Korbmacher, 2 Küfer, 2 Lackierer, 15 Maurer (davon 3 Meister), 1 Metalldreher, 13 Metzger (10 Meister), 1 Modellschreiner, 1 Monteur, 2 Näherinnen, 13 Pflasterer, 1 Photograph, 1 Sattlermeister, 6 Schlosser (2 Meister), 3 Schmiede (2 Meister), 8 Schneider (7 Meister), 19 Schreiner (5 Meister), 14 Schuhmacher (9 Meister), 6 Spengler (1 Meister), 1 Steinbrecher, 11 Steinmetze (2 Meister), 3 Tapezierer, 12 Tüncher (3 Meister), 1 Uhrmacher, 4 Wagner (2 Meister), 1 Zigarrenmacher, 14 Zimmerleute (2 Meister); insgesamt 187 Handwerker.

Der Mainzer Anzeiger mit der höchsten Auflagenstärke des Großherzogtums Hessen-Darmstadt schrieb im Oktober 1906: „Die Gemeinde Gonsenheim gehört zu den wohlhabendsten des Kreises Mainz ... 59 Bauten wurden 1905 errichtet. ... Innerhalb der letzten Monate hat sich eine solche Bautätigkeit entfaltet, wie eine solche kaum eine andere Landgemeinde Hessens aufzuweisen hat." Das Großherzogtum Hessen umfasste damals die Provinzen Rheinhessen, Starkenburg um Darmstadt und Oberhessen um Gießen. Und weiter heißt es: „Mehr als 40 Häuser, allein 27 Neubauten im Villenstil, sind gebaut worden. ... Auch die Straßen werden schon zum Teil wie in der Stadt mit Kantensteinen und Trottoirs hergestellt." Weil das Dorf allmählich städtischen Charakter annahm, siedelte die Hautevolee in Villen am Waldesrand. Gonsenheimer Handwerker waren also gefragt. Auch bei der Fertigstellung des Rheinhessendoms waren meist einheimische Firmen beteiligt. Die Nachfahren von Spenglermeister Keim, Schlossermeister Gradinger, Schreinermeister Becker und Werum haben heute noch große Betriebe vor Ort.

Nur einen Dachdecker hat es in Gonsenheim nicht gegeben, sodass die beiden Türme des Rheinhessendoms 1906 von der Schiersteiner Firma Rau gedeckt werden mussten, u. a. mit dem Gesellen und Polier Peter Neuhäuser aus Tiefenbach im Hunsrück. Der erkannte sofort die Marktlücke und gründete ein Jahr später in Gonsenheim einen eigenen Betrieb, sodass die vierte Generation der Familie Neuhäuser im Jahre 2007 als moderne Firma „Neuhäuser Qualitätsdächer – Die Spezialisten für Solartechnik" ihr 100-jähriges Jubiläum feiern konnte.

Dieser Boom wurde jäh durch den Ersten Weltkrieg, die Besatzung und die Inflation gestoppt. Mitte der 20er Jahre war wieder eine Erholung der Wirtschaft zu spüren. Im Jahre 1930, nach dem Abzug der großen französischen Besatzungskolonie, planten die Gonsenheimer Gemeindeväter sogar, brachliegendes Gemeindeland zur Ansiedlung von Gewerbe und Industrie zu verkaufen, um die leere Gemeindekasse etwas zu füllen und Gewerbesteuer durch neue Fabriken einnehmen zu können. In der Weltwirtschaftskrise war das nicht möglich und der Bau der Kathen-Kaserne

1937/38 mit Übungsgelände beanspruchte sehr viel Boden. Außerdem sollte der neue Mainzer Vorort Gonsenheim – wie in den Eingemeindungsbestimmungen 1938 festgelegt – Wohn- und Erholungsort bleiben. So ist Gonsenheim von Fabrikschloten verschont geblieben.

Für die Gonsenheimer Handwerksfirmen, die sich in den Aufbaujahren nach dem Zweiten Weltkrieg im Ort nicht mehr ausdehnen konnten, wurde in den 1970er Jahren das neue Gewerbegebiet Am Hemel anschließend an das ehemalige Gonsenheimer Gaswerk und die Holzhandlung Barbara, die sich schon 1928 hier niedergelassen hatte, gebaut.

Hier können nicht alle heute dort angesiedelten Firmen aufgeführt werden, die größte unter ihnen, BFE Studio und Medien Systeme GmbH, beschäftigt fast 300 Personen und bildet etwa 20 Lehrlinge aus.

Mehr über das Gonsenheimer Gewerbe: www.gewerbeverein-gonsenheim.de

Das Wirtschaftswunder in Gonsenheim: Der Wagenpark vom Autoverleih Becker in der Breiten Straße/Ecke Waldstraße in den 50er Jahren.

7. | SCHULGESCHICHTE

7.1 Die ersten Schulen

Der **erste Schullehrer** für Gonsenheim, der „ehrenhafte und gelehrte To-bias Schneider" ist für 1621 bezeugt, am Anfang des Dreißigjährigen Krie-ges. Meistens heißt das, es hat auch schon Vorgänger gegeben, über die es aber keine schriftlichen Zeugnisse gibt. Schulmeister und gleichzeitig Kirchendiener war für die lange Zeit von 1624 bis 1675 Peter Murpor aus Ostfrankreich, der deshalb zwei Sprachen sprechen konnte. Lehrer waren damals unterbezahlt, sodass sie noch weitere Arbeiten im Dienst der Kir-che und in der Landwirtschaft ausführen mussten. Zum Vergleich: Der Schultheiß bekam im Jahr vier Mal so viel Geld aus der Gemeindekasse.

Wenn man heute zur Gonsenheimer Ortsverwaltung in der ersten Eta-ge des Rathauses möchte, muss man durch die Pforte im Anbau eintre-ten. Darüber ist die Jahreszahl 1779 eingemeißelt. In diesem Jahr wurde dieser Anbau als Schulbau errichtet. Im Baugutachten von 1774 ist vom Abriss des alten Schulhauses die Rede, um größere Räume zu errichten. Es gab also einen Vorgängerbau. Deshalb dürfen wir annehmen, dass der erste nachgewiesene Gonsenheimer Lehrer auch schon in einem **Schul-haus** als Anbau an das Rathaus unterrichtete. Die Ersterwähnung ei-nes Schullehrers 1621 liegt kurz nach dem Bau des Rathauses im Jahre 1615.

In der zweiten Hälfte des 18. Jahrhunderts haben die Mainzer Erzbi-schöfe im Geiste der Aufklärung Schulreformen ein- und Visitationen durchführen lassen. Gegenüber einer erzbischöflichen Schulkommission haben sich der Gonsenheimer Schultheiß und die Schöffen als Gemein-devertreter recht zufriedenstellend über Lehrer, Schulgebäude und Schul-kinder geäußert. Mit dem Ende des geistlichen Kurstaates und nach der französischen Zwischenzeit wandelte sich im Großherzogtum Hessen-Darmstadt das ehemals von der Geistlichkeit kontrollierte Schulwesen in ein staatliches Schulmonopol. Die Schulbildung und die Aufsicht began-nen sich immer stärker von der mittelalterlichen Pfarrschule zu trennen, die Dorfgemeinde wurde alleiniger Schulträger. Zwar kamen noch immer wöchentlich Pfarrer und Kaplan in die Gonsenheimer Gemeindeschule, doch sollte sich das während des 19. Jahrhunderts ändern. Mit der Bevöl-kerungszunahme nahm auch die Zahl der Kinder zu, deshalb wurden auch Räume im Rathaus zu Unterrichtszwecken genutzt und der Bürgermeister musste seine Arbeit zu Hause ausführen und auch dort Besucher emp-fangen. 1823 hatten 300 Kinder nur einen Lehrer, 1879 gab es bei 2 934 Einwohnern 507 Schulkinder in fünf Klassen mit vier Lehrern und einer Lehrerin, d. h. durchschnittlich 101 Schüler pro Klasse und Lehrperson. In der 5. Klasse mussten sogar 152 (!) Kinder unterrichtet werden. Sie alle waren im Rathaus und dem Schulanbau untergebracht. Die sanitären Verhältnisse waren schrecklich.

Gonsenheims erster Kindergarten von **1869** hieß **„Kleinkinderbewahranstalt"** der Finther „Schwestern der göttlichen Vorsehung" für 70 Kinder zwischen drei und sechs Jahren in der Klosterstraße 23. Das Haus hatte ein Ehepaar Werum dem Kloster vermacht, weil ihre Tochter in den Orden eingetreten war. Mit Mitteln der Kirchengemeinde wurde es umgebaut. Die Kinder wurden im christlichen Sinne zum gegenseitigen Verständnis erzogen, übten sich in allen Fertigkeiten, um sich auf das Berufsleben vorzubereiten.

Das hessische Schulgesetz von 1874 bestimmte für Volks- und Gemeindeschulen eine **achtklassige staatliche Simultanschule** und daran anschließend eine **dreiklassige Fortbildungsschule**, der heutigen Berufsschule vergleichbar. Die Schulakten sind sehr lückenhaft. Die erste Angabe für eine Handwerkerklasse mit 106 Schülern stammt aus dem Jahr 1883.

Übergeordnete Behörde war das Großherzogliche Kreisamt bzw. die Kreis-Schul-Kommission. Schulträger, Bauherr und Geldgeber aus dem eigenen Etat, auch für die Besoldung der Lehrer, war die Gemeinde. Neben der Schulleitung durch den Oberlehrer und später den Rektor gab es deshalb noch einen vom Gemeinderat gewählten Schulausschuss – später auch Schulvorstand genannt. An seiner Spitze stand während seiner gesamten Gonsenheimer Amtszeit von 1864 bis 1912 der katholische Pfarrer Grimm. So hatte die Kirche doch noch Einfluss behalten. Doch im Endeffekt entschied der Gemeinderat.

Zur Behebung der Schulraumnot bei ständig wachsenden Schülerzahlen wurde das Volksschul-Zentrum in vier Bauabschnitten errichtet. 1882 der mittlere wuchtige Bau und 1895 der Maler-Becker-Bau an der gleichnamigen Straße, beide in rotem Klinker reichlich verziert. 1907 folgte der Südflügel des Putzbaus an der Schulstraße, 1930, im Jahr der Rheinlandbefreiung von der französischen Besatzungsherrschaft, der Nordflügel an der Breiten Straße mit Turnhalle, Schulküche und Volksbad.

Die Jahreszahlen für die ersten drei Bauten beziehen sich nur auf die Baufertigstellung, der Schulbetrieb konnte jeweils erst mindestens ein Jahr später beginnen, weil die Bestellung und die Montage der Inneneinrichtung lange dauerten. Vor allem an die Toilettenanlagen dachten die Gemeindeväter immer erst, wenn der Rohbau schon stand! (Gonsenheimer Schulgeschichte GJ 3, S. 35-41 u. 14, S. 46-87).

7.2 Das heutige Schulangebot

Die Volksschule Gonsenheim erhielt den Namen **Maler-Becker-Schule** erst 1959, um sie von der neuen zweiten Gonsenheimer Grund- und

Maler Becker

Hauptschule, die **Gleisbergschule** genannt wurde, zu unterscheiden. Die Stadtverwaltung hatte ursprünglich Anne-Frank-Schule vorgeschlagen, doch der Gonsenheimer Ortsbeirat bevorzugte den lokalen Künstler als Schulnamensgeber mit dem Argument, es wäre besser, einer im Zentrum der Stadt Mainz liegenden Schule den Namen der in der NS-Zeit ermordeten holländischen Jüdin zu geben.

Ursprünglich gab es im neuen Bundesland Rheinland-Pfalz Simultanschulen, doch konnten Konfessionsschulen eingerichtet werden, was Mitte der fünfziger Jahre in der Volksschule Gonsenheim durch das Votum der Eltern auch geschah. Seit dem Schulgesetz von 1974 in der Ära des Ministerpräsidenten Kohl gab es nur noch christliche Gemeinschaftsschulen. Doch das Privatschulgesetz erlaubte die Schaffung von Schulen in freier Trägerschaft, was die Katholische Kirche zur Eröffnung der **Martinus-Grundschulen** nutzte (GJ 14, S. 87).

An **Grundschulen** gibt es:
Maler-Becker-Schule (Schulstraße 7, Tel. 41720)
Angebote: Betreuende Grundschule
Martinusschule (Breite Straße 2, Tel.: 41830)
Staatlich anerkannte Grundschule in Trägerschaft des Bistums Mainz
Angebote: Arbeitsgruppen Musik, Kunst, Sport, Computer, Technik, Tanz und Theater
Die **Grund- und Hauptschule Am Gleisberg** (Gleisbergweg 50, Tel.: 690610) ist eine Ganztagsschule.
Die **weiterführenden Schulen** sind
Realschule plus (An Schneiders Mühle 2, Tel.: 687091) als Ganztagsschule und
Staatliches Gymnasium Mainz-Gonsenheim (An Schneiders Mühle 1, Tel.: 687062)
Angebote: bilingualer Zweig: Französisch, mathematisch-naturwissenschaftlicher Schwerpunkt, Schule für Hochbegabtenförderung, Internationale Schule, Ganztagsschule.

8.1 Die ersten Vereine

Die Integration der Einheimischen und Neuzugezogenen haben schon seit eh und je die Gonsenheimer Vereine geleistet. Der 1845 gegründete Männergesangsverein (MGV) „Cäcilia" – der älteste noch existierende Verein – war noch ganz dieser Patronin der katholischen Kirchenmusik verpflichtet. Die Vereinskonzerte finden noch heute in zeitlicher Nähe zum Namenstag der Heiligen am 22. November statt. Der Name des am 1. Juli 1879 gegründeten zweiten Männergesangsvereins „Einigkeit" verhieß ein ganz anderes Programm: Alteingesessene und Neubürger wie Handwerker, Fabrikarbeiter und Beamte sollten sich nach der Reichseinigung von 1871 durch die Pflege deutschen Chorgesangs und deutscher Geselligkeit im Bewusstsein eines geeinten Vaterlands zusammenfinden.

Symbolträchtig hatte der junge Verein seinen ersten Gesangsauftritt in der Gonsenheimer Öffentlichkeit bei der Einweihung des Kriegerdenkmals 1879. Nur vier Wochen nach seiner Gründung durfte der neue Verein zum ersten Mal neben der arrivierten „Cäcilia" singen. Nur fünf Jahre später kam noch die „Heiterkeit" hinzu. Und das bei Mitglieder- und Aktivenzahlen, die in die Hunderte gingen. In ähnlich integrierendem Sinn wurden die beiden Turnvereine und die Karnevalsvereine gegründet. Die Einheimischen haben also ihren neuen Mitbewohnern eine schnelle Chance zur Anerkennung und zur Einbürgerung gegeben.

Der evangelische Kirchengesangsverein wurde 1895 gegründet für die evangelischen Neubürger, die 1893 einen Kirchenvorstand für die neue Gemeinde gewählt hatten und 1903 eine Kirche bekamen. Auch katholische Vereine bildeten sich: Mütterverein 1873, Katholischer Männerverein 1883, Marianische Sodalität 1884, Marienverein 1908, Kirchenchor St. Stephan 1936.

In ähnlich integrierendem Sinne wurden gegründet: 1861 die Turngemeinde mit einigen Veteranen der Bürgerwehr der 1848er Revolution, 1899 die Turngesellschaft, 1888 die Freiwillige Feuerwehr, 1884 der Männergesangsverein „Heiterkeit", die Karnevalsvereine „Kleppergarde" 1877, „Schnorreswackler" 1892 und „Eiskalte Brüder" 1893 (Krawietz 64-73).

Der Bürger-Beerdigungsverein war der erste Gonsenheimer Verein, zwei Jahre vor der „Cäcilia" gegründet. Er garantierte seinen Mitgliedern freie ärztliche Behandlung bei Krankheit und ein kostenfreies Begräbnis (GJ 12, S. 97-100). Bis zur Jahrhundertwende 1900 gab es noch weitere, heute nicht mehr existierende Vereine: für Kriegsveteranen den Kriegerverein und den Ludwigsverein, die Gesangsvereine „Freie Sänger" und „Sängerlust", für die Landwirte den Obst- und Gemüsebauverein „Moguntia" und den Gemüsekultur-Verein, für die Wirtschaft und das Ortsleben mit Festen und Feiern, den Gewerbeverein, den Verkehrsverein und den Vergnügungsverein „Edelweiß". Der Krankenverein war eine frühe Selbsthilfeorganisation, die die Aufgaben einer Krankenversicherung übernahm.

Bei 4 832 Einwohnern im Jahr 1900 gab es schon etwa 30 Vereine. Das Wörtchen „etwa" muss benutzt werden, weil die Fluktuation sehr groß war. Zu den etablierten drei Karnevalsvereinen gab es zwischenzeitlich auch „Lustige Zecher", „Fidele Brüder" und „Waldbrüder". Außer den beiden Turnvereinen existierte noch kein Sportverein. Jeder Verein hatte ein eigenes Vereinslokal, wobei es natürlich vorkam, dass mehrere Vereine sich in einem Lokal trafen, doch Chorproben z.B. fanden dann an verschiedenen Wochentagen statt. Die Vereine sind mit ihren Vereinslokalen im seit 1896 gedruckten „Gonsenheimer Adressbuch" aufgeführt.

In der Gonsenheimer Hochkonjunktur mit einem Bauboom waren bis zum Beginn des Ersten Weltkriegs 1914 noch folgende Vereine hinzugekommen: sogenannte gemeinnützige Vereine: für die Baubranche die gemeinnützige Baugenossenschaft, für die Landwirtschaft der Geflügelzuchtverein. Weitere neue Vereine waren „Freie Turner" und „Liberaler Verein".

Der Kaninchenzucht-Verein von 1913 und der Mandolinenclub von 1925 wurden 1936 während der NS-Herrschaft zur Auflösung gezwungen. Der Schützenverein „Diana" von 1970 löste sich 1980 wegen mangelnder Räumlichkeiten auf.

8.2 Die Gonsenheimer Vereine heute

Viele Vereine haben sich aus dem 19. Jahrhundert heraus erhalten. Die Mitgliedschaft hat sich sogar vererbt. Wenn schon der Großvater in der Turngesellschaft geturnt hat, werden Sohn und Enkel auch Turngesellschafter, nicht auszudenken, wenn der Urenkel zur Turngemeinde wechseln möchte. Genauso ist dies auch bei den Gesangsvereinen und den „Carnevalvereinen". Im Duden steht zwar „Karnevalsvereine" mit dem Anfangsbuchstaben K und einem „s" in der Mitte, doch die Mainzer und Gonsenheimer ziehen das historische „C" dem K vor und schreiben auch kein „s" zwischen den beiden Einzelwörtern. Die Vereine sind auch älter als der Duden.

Fazit: Die Vereine haben es heute bei den ausufernden Möglichkeiten zur Freizeitgestaltung schwer, einstige hohe Mitgliederzahlen zu erreichen. Doch sie sind bestrebt, den Fortbestand durch eine zeitgemäße Vielfalt an modernen Angeboten besonders an Kinder und Jugendliche zu ermöglichen. Viele Vereine regen durch altersgerechte Angebote zur sinnvollen Lebensgestaltung neben der Berufsausbildung an.

Heute gibt es mehr als 40 Vereine (lt. Vereinsbroschüre vom Januar 2006); die Koordination aller Vereine organisiert der **Vereinsring**.

Gesangsvereine und Chöre:
Kantorei der Evangelischen Kirchengemeinde
Katholischer Kirchenchor St. Stephan und
MGV Cäcilia 1845,
MGV Einigkeit 1879
MGV Heiterkeit 1884
Sacro Pop Gruppe Domino
Musikkapellen der Freiwilligen Feuerwehr 1926 und der Fastnachtsgarden
Carnevalvereine:
Eiskalte Brüder 1893 mit Grenadiergarde
Kleppergarde 1877
Gonsenheimer Carnevalverein Schnorreswackler 1892 (GCV) mit Füsiliergarde 1953
Sportvereine:
Angelsportverein 1932
Baseball- und Softball-Club Mainz Athletics 1988
Box-Club-Mainz
Fit and Jump 1994
Handballclub 1977 (HCG)
Reit- und Fahrverein 1929
Schachverein Mainz-Gonsenheim 1980
Sportverein 1919 (SV 1919)
Tennisverein Grün-Weiß 1930
Turngemeinde 1861 (TGM)
Turngesellschaft 1899 (TSG)
Volkssportverein Wanderfreunde Mainz 1971
Fördervereine:
Freunde der Feuerwehr 1990
Gleisbergschule 1990
Gymnasium Gonsenheim 1982
Kanonikus-Kir-Realschule 1966
Kindergarten St. Stephan
Maler-Becker-Schule 1993
Museum Gonsenheim 2003
Rheinhessendom St. Stephan 2003
St. Petrus Canisius
Schöneres Gonsenheim
Wildpark
Andere Vereine:
Alzheimer Initiative Mainz
Arbeiterwohlfahrt 1978

Bauernverein 1947
Deutsche Pfadfinder St. Georg (DPSG) Stamm St. Stephan
Deutsches Rotes Kreuz Ortsverein 1905
Freiwillige Feuerwehr 1888
Gewerbeverein 1979
Heimat- und Geschichtsverein Mainz-Gonsenheim (HGG)1992
Stadtteiltreff Elsa-Brändström-Straße 1998
VdK Ortsgruppe 1948
Verein Freunde alter Menschen
Vogelschutz- und Zuchtverein 1958
Es dürfen auch noch Gemeinschaften genannt werden, die nicht in der
Vereinsbroschüre vorkommen:
Siedlergemeinschaft Finnensiedlung
Siedlerverein Am Großen Sand

8.3 Ein Sonderfall: Der Heimat- und Geschichtsverein Mainz Gonsenheim (HGG) und das Museum Gonsenheim

Der **Heimat- und Geschichtsverein Mainz-Gonsenheim e.V. (HGG)**
hat es sich – laut Satzung § 2 – zur Aufgabe gemacht, „die Gonsenheimer
Geschichte zu fördern ... durch Initiierung und Durchführung von orts-
geschichtlichen Forschungs- und Erfassungsarbeiten und durch Maßnah-
men zur Veröffentlichung oder zur sonstigen Beteiligung der Öffentlichkeit an den Ergebnissen der Vereinsarbeit."

Etwa 20 **Veranstaltungen** finden jedes Jahr statt: Vorträge zu Gonsenheimer und Mainzer Themen im Rathaussaal, Ausstellungseröffnungen
und Lesungen von Gonsenheimer Prominenten im Museum, Führungen
durch Gonsenheim und Mainz und Exkursionen zu historischen Orten. Es
hat auch schon Weinproben, Literaturlesungen und Podiumsdiskussionen
gegeben.

Der Heimat- und Geschichtsverein veröffentlicht jedes Jahr ein **„Gonsenheimer Jahrbuch" (GJ)** mit etwa 150 Seiten zu Gonsenheims Geschichte und Gegenwart, bisher sind 17 Jahrbücher mit einem Umfang
von mehr als 2 000 Seiten erschienen.

Anschauliche Objekte und Exponate informieren über 7 000 Jahre Gonsenheimer Geschichte im **Museum Gonsenheim**.

Zur Dokumentation der Gonsenheimer Geschichte werden u.a. folgende
Exponate gezeigt:

Tonscherben der Bandkeramiker, Bronzeschmuck, Überreste einer vornehmen Villa rustica, das Kurzschwert eines Franken, eine Kopie der Urkunde mit der ersten schriftlichen Erwähnung des Dorfes „Gunsenheim"

aus dem Jahre 775, Feld- und Arbeitsgeräte einheimischer Landwirte und Handwerker. Weiterhin stellen sich Gonsenheimer Künstler mit ihren Werken vor und es gibt eine Sammlung von Sophie Groschs Bildern. Kommunionbank, Orgelpfeifen und Prozessionsfahnen dokumentieren kirchliches Leben, Erinnerungsstücke aus Eduard Beckers Gasthaus „Zum goldenen Adler" und Fastnachtsorden gehören zum Thema Freizeit und Feste. Ansichtspostkarten und Bilder von Gebäuden, Karten, Pläne und Luftbilder von Gonsenheim „damals und heute" veranschaulichen die rasante Entwicklung des „schönsten Vororts von Mainz".

Um immer wieder neues Interesse zu wecken, hat der HGG neben dieser Standardausstellung seit Bestehen des Museums im Jahre 2000 schon mehr als 30 kleine Sonderausstellungen präsentiert z.B. über Gonsenheim als Flugzentrum mit dem Flugpionier Goedecker, Gonsenheimer Glocken, die Jubiläen aller Gonsenheimer Karnevalsvereine und ihrer Garden, die studentischen Verbindungen, die vier Gonsenheimer Friedhöfe, Weinetiketten – Ausdrucksmittel ihrer Zeit, Weihnachtsausstellungen mit verschiedenen Dekorationen: Ikonen, Krippen, altem Spielzeug, Räuchermännchen und Engel und immer wieder Bilder, Ansichtspostkarten und Fotos zu Gonsenheim „gestern und heute".

Öffnungszeiten: jeden Sonntag von 10-12.30 Uhr und am 1. Sonntag im Monat von 16-18 Uhr.

Blick in die Ausstellung des Gonsenheimer Museums.

9. GONSENHEIM: HEIMAT STUDENTISCHER VERBINDUNGEN

Während Professoren und Bedienstete der Universität sich gerne in Gonsenheim niederlassen, haben Studenten nur vorübergehend ihre „Buden" in Gonsenheim aufgeschlagen und sind nur Gonsenheimer Kurzzeitbürger. Darüber hinaus gibt es auch studentische Verbindungen, die vor Ort ein Haus erworben haben, in denen die gerade Studierenden untergebracht sind. Die „alten Herren" aber vergrößern zu Feiern und Festen die Corona und erinnern sich dabei an die alte „Burschenherrlichkeit" in Mainz und ihrem ehemaligen Wohnort Gonsenheim.

Der 31 Jahre in Gonsenheim wirkende evangelische Pfarrer Dr. Christian-Erdmann Schott, der auch nach seiner Emeritierung mit seiner Ehefrau Barbara weiterhin hier wohnhaft blieb, hat sich als „alter Herr" einer Verbindung mit diesem Thema in *Gonsenheim – Heimat studentischer Verbindungen* beschäftigt. Lesen Sie seinen Beitrag im Gonsenheimer Jahrbuch 9, S. 85-98. Im Jahr 2005 gab es dazu eine Ausstellung im Museum Gonsenheim, ein Kurzbericht ist nachzulesen in GJ 13, S. 147-148.

Die vier studentischen Verbindungen mit einem Haus in Gonsenheim sind:

Leipziger Universitätssängerschaft zu St. Pauli in Mainz (Pauliner), seit 1956 Paulinerheim Am Großen Sand 32,

Landsmannschaft Hercynia Jenensis et Hellensis im CC zu Mainz, seit 1966 Hercynenhaus in der Kapellenstraße 14,

Mainzer Wingolf, seit 1969 Wingolfsheim in der Eleonorenstraße 19,

Landsmannschaft im CC Merovingia Gießen zu Mainz, seit 1990, Friedensstraße 39.

Alte Verzeichnisse des Klosters Lorsch vermerken schon im Mittelalter **Weinanbau** in Gonsenheim. Der Gemeindeeinnehmer Ludwig erwähnt in seiner Beschreibung von 1843 „25 Morgen Weinberge I. Classe" auf dem „gegen Süden liegenden Gleisberg". Rechnet man 4 Morgen pro Hektar wären das immerhin etwa sechs Hektar. Nicht umsonst existiert die Straße „An den Reben" im Gleisberggebiet, wo noch bis ins 20. Jahrhundert Reben angebaut wurden. Weitere 47 Morgen (ca. 12 Hektar) Klasse II lagen zerstreut, meistens in den „Kirschenanpflanzungen". Wenn Carl Zuckmayer als Jugendlicher um 1910 zu seinem Klassenkamerad Johann Becker in das legendäre Gasthaus von Johann Becker XXXIX (heute „Gonsenheimer Hof") kam, trank er auch Gonsenheimer Wein, wie er in seiner Autobiographie *Als wär's ein Stück von mir* bekennt. Noch 1960 tauchen in amtlichen Berichten über Gonsenheim ein Hektar „Rebland" auf. In den Gaststätten ist natürlich zumeist Wein aus Rheinhessen oder dem Rheingau ausgeschenkt worden.

10.1 Gastwirtschaften im alten Dorf zwischen Gonsbach und Grabenbach (jetzt Grabenstraße)

Zu beiden Seiten des Rathauses gab es drei beliebte Gasthäuser, alle drei mit großen Tanzsälen, die gerne zu Festessen, Tanzveranstaltungen, Fastnachtsvergnügen und Familienfeiern genutzt wurden.

Im historischen Gebäude und ehemaligen Gasthaus **„Zum goldenen Stern"**, Mainzer Straße 1, verbrachten der Maler Ferdinand Becker und sein Bruder, der langjährige Bürgermeister Franz August Becker, Kindheit und Jugend; hier trafen sich 1848/49 die Demokraten mit Dr. Franz Zitz und Ludwig Bamberger und feierten ungezählte Gonsenheimer Generationen Bälle, Feste und Fastnacht.

Auf der anderen Seite der Mainzer Straße Nr. 2 steht die noch heute genutzte Gaststätte **„Zum Löwen"**. In den 1920er Jahren war im Haus eine Schulküche eingerichtet worden, denn das Gebäude gehörte der Gemeinde, die es an Wirte verpachtete. Den alten Saal nutzt noch heute das Jugendzentrum Gonso, jetzt GoFi (von **Go**nsenheim-**Fin**then).

Daneben befand sich das Gasthaus **„Zur Krone"**, ein schickes Gebäude mit Balkon, umrahmt von einem schmiedeeisernen Gitter. Wenn große Feierlichkeiten stattfanden, wurde die Prominenz in diese Weinwirtschaft eingeladen, z. B. zum Festessen zur Einweihung der Evangelischen Kirche 1903 mit dem Direktor der Provinz Rheinhessen, Freiherr von Gagern, und dem Prälaten der hessischen Kirche, D. Walz, und drei Jahre später zum Festessen zur Einweihung des Rheinhessendoms St. Stephan 1906 mit Bischof Kirstein und der hohen Mainzer Geistlichkeit. In den 20er Jahren hat ein „ambulanter" Filmvorführer auf einer aufgespannten Leinwand Trickfilme und Lustspiele vorgeführt. Leider musste der Prachtbau 1976 einem Neubau weichen (GJ 7, S. 85).

Das Gasthaus **„Zur Ludwigsbahn"**, das schon im ersten Adressbuch von 1896 vorkommt, ist nach der seit 1871 verkehrenden Eisenbahn von Mainz über Gonsenheim nach Alzey benannt, die von der Hessischen Ludwigs-Eisenbahngesellschaft (HLB) mit Sitz in Mainz, kurz Hessische Ludwigsbahn, gebaut wurde.

Im Gasthaus **„Zur Port"** an dem ursprünglichen Torhaus, das den Weg nach Finthen absperrte (Port von lat. porta = Pforte), wurde auf Initiative des Gastwirts Adolf Oehl 1877 aus einer Spargemeinschaft die Gonsenheimer „Kleppergarde" gegründet. Ein halbes Jahrhundert betrieb Philipp Kropp das Lokal, bevor es seine Tochter Betty Hölper 1958 übernahm. Bis vor einiger Zeit hat die nun über 80 Jahre alt gewordene „Kroppe Betty" ihre Stammkunden mit Getränken und selbstgekochten Mahlzeiten versorgt.

Die Gastwirtschaft **„Zum goldenen Adler"** zwischen Budenheimer Straße und Ellenbogengasse, 50 Meter oberhalb des Museums Gonsenheim, ist auch im ersten Gonsenheimer Adressbuch von 1896 aufgeführt. Die Annoncen in den Tageszeitungen betonen vor allem die „Vorzügliche Küche, eigene Schlachterei, allwöchentlich Hausmacher Wurst." Das blieb auch so bis der letzte Inhaber, der berühmte Gastwirt und Metzgermeister Eduard Becker, im Januar 1995 starb. Wenn auch ein schweres Leiden dem liebenswürdigen Gonsenheimer Original in den letzten Jahren seines Lebens schwer zugesetzt hatte, so kam sein Tod doch plötzlich. Im Museum wurde eine Eduard-Becker-Gedächtnisecke mit vielen Erinnerungsstücken eingerichtet. Heute bietet „Rudi" (Rudi Baumann) im „Adler" eine gut bürgerliche Küche an.

Eine Brauerei wurde 1821 in der Hauptstraße 102 (heute Mainzer Straße 36) gegründet. Als **„Brauerei Gebrüder Becker"** mit Wirtschaft ist sie geführt worden bis zur Übernahme durch die Mainzer Aktien Bierbrauerei im Jahr 1917. Das zur Kühlung notwendige Eis wurde in den früher kälteren Wintern aus künstlich angelegten und mit Wasser gefüllten Gräben gewonnen und bis zur Benutzung im Gasthaus im Eiskeller nach dem Prinzip der Verdunstungskälte gefroren gehalten. Die Steinreste des Eiskellers sieht man noch heute unter der Autobahnbrücke vor Finthen. Auf dem Gelände des heutigen Ärztezentrums an der Kapellenstraße wurde auf diese Weise vor dem Ersten Weltkrieg eine beliebte Schlittschuh-Lauffläche angelegt. In den Friedensjahren war die Gastwirtschaft „Zur alten Bierbrauerei" ein gern besuchtes Gartenlokal. Im Zweiten Weltkrieg diente das Brauereigebäude als Lager, heute ist das Anwesen bewohnt.

Der „**Gonsenheimer Hof**", Mainzer Straße 132, ursprünglich nach dem Wirt Johann Becker XXXIX genannt, kommt auch im ersten Adressbuch von 1896 vor, muss aber wesentlich älter sein. Der schlaue Wirt ließ nämlich zum Einzug der Soldaten in die neue Kaserne 1895 einen zusätzlichen Raum anbauen, da er mehr Umsatz durch stets durstige junge Zecher erwartete. Der junge Carl Zuckmayer (geb. 1896) besuchte sehr gerne und häufig den Wirtssohn, wie sein Vater mit dem Namen Johann Becker, einen Klassenkameraden aus dem altsprachlichen Gymnasium in Mainz. Hier lernte der spätere bekannte Bühnenschriftsteller die Landwirtschaft kennen und erfreute sich als Mitglied der Wandervogelbewegung am einfachen Leben und Essen. Er hat hier auch Gonsenheimer Wein getrunken. Heute befindet sich hier ein slowenisches Restaurant, das eigene heimische Weine ausschenkt.

10.2 Gastwirtschaften außerhalb des alten Dorfkerns

Im **Gewerbeverzeichnis von 1879** sind 1 Bierbrauer, 9 Gasthäuser, 1 Weinhändler und 21 Wein- und Bierwirte verzeichnet. Die Zahl der Gasthäuser hat aber zugenommen, da die vielen Wochenendgäste aus der Stadt und der Umgebung Hunger und Durst mitbrachten und so die Lokalitäten füllten und sich die Wirte über die Einnahmen freuten. 1895 kamen noch viele Soldaten in der neuen Kaserne als Zecher hinzu.

Das stattliche Haus Heidesheimer Straße 1, gegenüber dem Juxplatz, öffnete 1906 als „Brauerei Gebrüder Becker". Hier wurde allerdings nur Bier aus der eigenen Brauerei in der Mainzer Straße (s.o.) ausgeschenkt und kein Bier gebraut, obwohl die Quelle des Grabenbaches in einer Brunnenstube im Keller gutes Wasser lieferte. Die Bierbrauerei und Gartenwirtschaft in der Mainzer Straße wurde in den 1920er Jahren in „Zur alten Brauerei" umbenannt, während die Schankstätte in der Heidesheimer Straße den Namen **„Neue Brauerei Becker"** erhielt. Im Tanzsaal im Gartenbereich wurde 1948 das Kino „Odeon" eingerichtet, das wir als Jugendliche gerne besuchten, weil uns die Filme besser schienen als in der „Filmbühne" in der Breiten Straße. Wegen der Konkurrenz durch das Fernsehen mussten beide Kinos in den 60er Jahren schließen. 1984 entstand hier das italienische Restaurant **„Il Quadrofolio"**.

Der **Bürgerhof** an der Ecke Kaiserstraße (heute Breite Straße)/Kirchstraße eröffnete 1896 als Kaiserhof, nachdem die Straße durch den Bau der Dampfbahn 1892 eingerichtet worden war. Hier entstand neben der Mainzer Straße die zweite Hauptachse des Ortes. Natürlich brauchte man in diesem neuen Wohnviertel auch eine Gaststätte. In der republikanischen Zeit nach dem Sturz der Monarchie wurde der Name in „Bürgerhof" umgeändert (GJ 9, S. 38).

„Mainzer-Hof"

Mainz-Gonsenheim
Rhein

Der „Mainzer Hof" in der Breiten Straße 71, Anfang der 50er Jahre: „Bekannt gut bürgerliche Küche, im Ausschank das gute und bekannte Mainzer Aktien-Bier, 1a Weine, eigene Schlachtung, Konferenzzimmer, Terrasse."

Am **„Hotel-Restaurant Waldschlösschen"**, Ecke Breite Straße/Wilhelm-Raabe-Straße bog seit 1892 die Dampfbahn, von Mainz über die Ölwiese kommend, in die Breite Straße ein. Die Kastanienbaumreihe auf dem Josef-Ludwig-Platz markiert noch die ehemalige Trasse. Bis zur Aufgabe der Dampfbahn nach dem Ersten Weltkrieg hatten die Dampfbahn (seit 1892) und die elektrische Straßenbahn (seit 1907) eine gemeinsame Haltestelle vor dem Restaurant und benutzten gemeinsam die beiden Gleise. Heute befindet sich hier die Haltestelle Wilhelm-Raabe-Straße. Der Wirt Franz Braum machte Reklame mit „selbstgekeltertem Wein", darunter mag auch Gonsenheimer gewesen sein, guter Küche und einem „schönen Saal für Familienfestlichkeiten und Gesellschaften".

Seit den 1920er Jahren existierte eine Gaststätte gegenüber der Evangelischen Kirche Ecke Kurt-Schumacher Straße/Breite Straße, zuerst mit dem Namen **„Waldfriede"**, in den 30er Jahren umbenannt in **„Mainzer Hof"**. Nach deutschen Wirten, zuletzt H. Schmitt, genannt Heppes, mit Mainzer Aktien Bier und deutschen Gerichten, wo wir als Heranwachsende nach dem Gottesdienst unser Bier tranken, eröffnete in den 60er Jahren der Wirt Zuamenani das ungarische Spezialitäten-Restaurant **„Piroschka"**. Nach einem deutschen Zwischenspiel eröffnete 1991 das koreanische Spezialitäten-Restaurant **„Pagoda"** (Hermann Wohn, in: GJ 9, S. 37). Heute befindet sich hier das **„Asia Restaurant Mai Anh"** mit Viet-Thai Spezialitäten.

Anfang des 20. Jahrhunderts bestand schon eine Gaststätte im Haus Kurt-Schumacher-Straße 54/Ecke Herrnweg. Später war es Heim und

Treffpunkt der Hitlerjugend (HJ). Karl Dehos erwarb das Anwesen 1939/40 und fabrizierte im Gastraum Zuckerwaren für seinen Schaustellerbetrieb. 1943 wurde ein Café eingerichtet, dann auch auf dem freien Eckplatz eine Gartenwirtschaft (H. Wohn, in: GJ 8, S. 106). 1951 entstand hier ein Saalbau, der von den amerikanischen Soldaten frequentiert wurde. Bekannte Bands spielten hier, Bill Haley soll auch darunter gewesen sein. Als Buben wagten wir uns ab und zu hinein. **„Café Dehos"** war für uns ein legendärer Begriff. Zuletzt war hier das Hotel Kropp.

Das Waldrestaurant **„Krimm"**, Kurt-Schumacher-Straße 109, früher an einem krummen Weg oder einer Straßenbiegung, daher der Name, entstand als Kantine der preußischen Soldaten, die aus Mainz und anderen Garnisonsorten kamen, um auf dem Gelände am Großen Sand das Schießen zu üben. Auf dem Plan des Leutnants Wittlich von 1858 ist noch „Cantine" eingezeichnet. Die österreichischen Truppen hatten ihre Schießanlage vor Mombach. Am zweiten Festtag der 50-Jahrfeier des Gonsenheimer Männergesangsvereins „Cäcilia" am Montag, dem 8. Juli 1895, endete der zweite Festzug des Jubiläums – dieses Mal nur mit Gonsenheimer Vereinen – „an der im Wald so schön gelegenen Wirtschaft ‚Zur Krimm'", wie es im Bericht des Mainzer Anzeigers vom folgenden Tag lautete. „Dort wickelte sich ein reges Leben und Treiben ab. Es mochten etwas über 3 000 Personen anwesend gewesen sein, denn der weite Raum dieses Etablissements war bis auf den letzten Platz gefüllt." Alle drei Gonsenheimer Gesangsvereine zeigten Proben ihres Könnens, die Kapelle des erst seit einer Woche in der damals „Neuen Kaserne" stationierten Königlich Preußischen 1. Nassauischen Feldartillerie des Regiments Nr. 27 spielte zum Tanz. Auch später war die Wirtschaft bekannt wegen ihres Tierparks mit einem weißen Hirsch. Heute befindet sich hier die Gaststätte „Olympia zur Krimm" mit griechischen und deutschen Spezialitäten.

Heute sind die meisten der legendären traditionellen Gaststätten noch erhalten und bieten neben ausländischen Spezialitäten gute deutsche bürgerliche Küche an. Viele der älteren kleinen Wirtschaften – sozusagen die Kneipe um die Ecke – sind verschwunden. Seitdem die Deutschen Reiseweltmeister sind und auch zu Hause ihre kulinarischen Neuentdeckungen genießen möchten, anderseits durch Gastarbeiter und die weltweite Vernetzung viele Ausländer auch in Gonsenheim ein Zuhause gefunden haben, gibt es in dem fast 22 000 Einwohner zählenden Vorort von Mainz ein umfassendes gastronomisches Angebot. Thailand, Indien, Griechenland, Italien, die Türkei sind vertreten. Das heißt nicht, dass sie nur die Speisen ihrer Heimat zubereiten. An Kerwedienstag bieten auch sie „Lewwerklöß mit Sauerkraut" an. Und mit dem Restaurant „Buchholz" in der Klosterstraße 27 gibt es jetzt auch ein Sternerestaurant in Gonsenheim mit einer Kochwerkstatt in der Klosterstraße 31.

11. FESTE UND FEIERN

11.1 Feste in der Vergangenheit

Die Gonsenheimer haben schon immer gerne gefeiert. Besondere Gelegenheiten gab es genug. Wenn ein neuer Schöffe in das Ortsgericht mit Schultheiß und sechs Schöffen aufgenommen wurde, dann musste er erst ein Festessen für die neuen Kollegen spendieren, den „Schöffen-Imbs". Vom Morgen bis zum Abend tischte die Ehefrau mit ihren Mägden immer mehrere Sorten Fleisch, Suppe, Brot, Kuchen und Fisch auf, sonst musste das Gelage wiederholt werden. Als die Gonsenheimer 1816 den Großherzog als ihren neuen Landesherrn feierten, bezahlte die Gemeindekasse die Munition für die Freudenböller, die Getränke der Feuerwerker und die Wecken für die Schuljugend. 1895 zogen Offiziere und Soldaten in die neue Kaserne ein und machten damit Gonsenheim zum Garnisonsort; die Gemeinde „ließ sich nicht lumpen", es wurde so viel getrunken, gegessen und geraucht, dass der Gemeinderat nachher monatelang nicht wusste, wie er die übermäßigen Ausgaben verbuchen sollte.

Um 1900 begann das normale Feierjahr im aufstrebenden großherzoglichen Dorf an Neujahr mit Bällen, Konzerten und dem Feuerwerk als Auftakt zur Fastnacht mit Abendunterhaltungen, Vortragsabenden und „carnevalistischen Konzerten".

Besonders im Sommer herrschten Jubel, Trubel und Heiterkeit in Gonsenheim. Familien und Vereine, auch aus Mainz und der gesamten Umgebung, bevölkerten an den Wochenenden den Wald und die renommierten Gasthäuser. Da man nicht in den Urlaub fuhr, vergnügte man sich vor Ort. Die Städter fuhren mit Ludwigsbahn und Dampfbahn, ab 1907 auch mit der elektrischen Straßenbahn, in den Luftkurort Gonsenheim. Zeitungsannoncen lockten: „Gerade im Mai lohnt ein Aufenthalt im Walde, da die Fichtenbäume in voller Blüthe stehen und durch ihren herrlichen Geruch zur Stärkung der Nerven und der Gesundheit beitragen." Das Comité zur Verschönerung des Leniaberges (heute Lenneberg) unter seinem Präsidenten Adam Allendorf hatte es sich zur Aufgabe gemacht, „dem waldbesuchenden Publikum" schöne Spazierwege durch Markierungen an den Bäumen zu kennzeichnen.

Wohlbetuchte Gäste brachten sogar ihr eigenes Mobiliar zur Einrichtung der Sommerwohnungen in den Waldvillen und Pensionaten mit. Ab Mai polterten hochbepackte Möbelwagen durch den Ort. Die Gonsenheimer Fuhrunternehmer hatten ihre jährliche Stammkundschaft. Viele reiche Städter quartierten sich als Kurgäste auch in Privathäuser am Waldesrande ein.

Natürlich wollten die Kurgäste nicht nur frische Luft atmen, sondern auch viel erleben. Es gab Konzerte mit Bällen in den Pensionaten, Militärkapellen spielten auf, verstärkt seit 1895, als Gonsenheim auch Garnisonsort wurde; Feuerwerke, und – heute würde man sagen – viele Partys fanden in den angemieteten Räumen statt. Seit diesem Jahr gab es auch einen Wochenmarkt und einen Rasen-Tennisplatz.

Im Juli war Kerb an der Krimm, natürlich Nachkerb am darauf folgenden Wochenende, d.h. damals feierte man von Samstag bis Montag. Als die „Cäcilia" im Juli 1895 ihr goldenes Jubiläum festlich beging, gab es ein Sängerfest und zwei Umzüge am Sonntag und am Montagnachmittag. Der Zug endete an der „im Wald so schön gelegenen Wirtschaft ‚Zur Krimm'". Am ersten Tag der „Arbeitswoche" wurden über 3 000 Menschen geschätzt!

Höhepunkte im Sommer waren die jährlich stattfindende Kaiserparade mit 6 000 Soldaten auf dem Großen Sand Mitte August und die Flugschauen auf demselben Gelände. Dann gab es noch die nationalen Feiertage, angehängt an die Schlachtensiege des Kriegs von 1870/71, der Gravelottetag war am 17. August, der Sedanstag am 1. September.

Dazu kamen noch die kirchlichen Feiertage, die Vierzehn-Nothelfer-Wallfahrt mit bis zu 5 000 Gläubigen am dritten Sonntag nach Pfingsten, das große Gebet und am 8. Dezember der Gedenktag zum Ende der Cholera 1866. Auch die kirchlichen Vereine hatten ihre eigenen Feiern.

Alle Vereine feierten auch die Jubiläen ihrer Mitglieder und schickten Abordnungen zu Beerdigungen. Da Gonsenheimer häufig Mitglied in mehreren Vereinen waren, kam ein ganzes Programm von Glückwünschen, Reden und Vorträgen zusammen.

Meist kehrten die Gäste aus der Stadt nach der Kirchweih am ersten Septemberwochenende und der Nachkirchweih am folgenden Wochenende in ihr Mainzer Domizil zurück. Wer einmal das Gonsenheimer Sommerklima und die Gastfreundschaft genossen hatte, entschloss sich manchmal für immer an den Leniaberg zu ziehen; entweder ließ er sich eine Villa bauen oder kaufte ein Fertighaus von dem damaligen einheimischen „Baulöwen" Secker.

11.2 JÄHRLICHE FESTE HEUTE

Bei den Festen hat sich vieles verändert. Aus der Kirchweih am ersten Septemberwochenende ist das Pfarrfest der Pfarrei St. Stephan geworden, die Kerb wird Anfang August gefeiert. Früher haben die „Kerbejahrgänge", die anschließend zum Militär eingezogen wurden, den Kerwebaum aufgestellt. Heute gibt es noch den Jahrmarkt auf dem Juxplatz. Am Kerwemontag wird in den Gaststätten „Gekochtes" angeboten: das beim Schlachten anfallende und dann gekochte Fleisch, das nicht als Schnitzel, Steak oder Rippchen verkauft wurde. Am Kerwedienstag folgen traditionell Lewwerklöß mit Sauerkraut. Leberklöße werden zur Kerb in allen Gastwirtschaften in Mainz und Umgebung angeboten. Die Innereien sind so verderblich, dass sie nach dem Gekochten zuerst verzehrt werden müssen.

Die Pfarrei St. Petrus Canisius hat sich auf das Wochenende nach Pfingsten festgelegt, während die evangelische Gemeinde keinen festen Gemeindefesttermin bevorzugt. Alle drei christlichen Pfarrgemeinden veranstalten gemeinsam eine jährliche Pfarreisitzung in der Gonsenheimer Narrhalla, der großen TGM-Halle.

In den 80er und 90er Jahren war Gonsenheims Rathaus- und Höfefest jedes zweite Jahr ein großer Anziehungspunkt. Tausende zwängten sich durch die Mainzer Straße, ließen sich in den Hofwirtschaften der Gonsenheimer Vereine nieder und verzehrten und tranken zugunsten der Vereinskassen. Das Höfefest ist seit 2003 durch das auch alle zwei Jahre stattfindende Parkfest im Juni in der Pfarrer-Grimm-Anlage abgelöst worden. Viele Gonsenheimer Vereine verköstigen die Besucher, die ein Programm auf einer Bühne erwarten dürfen. Der ökumenische Gottesdienst 2010 hat soviel Zustimmung gefunden, dass er 2011 und wohl auch in den Folgejahren zum festen Programm gehören wird. Seit wenigen Jahren gibt es zusätzlich schon im Mai das jährlich stattfindende Erdbeerfest mit der Krönung einer Erdbeerkönigin. Die Feuerwehr und die „Kleppergarde" haben auch ihre Feierlichkeiten für alle Gonsenheimer auf dem Gelände um das Feuerwehrhaus bzw. auf der Pfarrer-Grimm-Anlage.

1. Fr. im Januar	MGC Cäcilia	Worscht-Owend (Jahnturnhalle)
Fastnachtssamstag		Rekrutenvereidigung Fastnachtsumzug
Ostern	Reit- und Fahrverein	Reitturnier
Mai		Erdbeerfest
Pfingsten	Sportverein 1919	Fußballturnier
Pfingstmontag	MGV Cäcilia	Waldfest (Wendelinusheim)
3. So. nach Pfingsten	St. Stephan	Vierzehn-Nothelfer-Wallfahrt
Jedes 2. Jahr		Parkfest
1. Aug.-Wochenende		Kerb (Juxplatz)
1. Sep.-Wochenende	St. Stephan	Pfarrfest (Pfarrheimgelände)
letzter So. im Sep.	St. Canisius	Großes Gebet
2. So. im Okt.	St. Stephan	Großes Gebet
1. Adventswochenende		Adventsmarkt (Pfarrer-Grimm-Anlage)

Die Gonsenheimer haben schon immer Fastnacht gefeiert. Obwohl 1837 Unterricht an Fastnacht angeordnet worden war, „schwänzten" Gonsenheimer Schüler. Unentwegte soll es sogar zu einem Umzug nach Mainz gezogen haben. Die „Ranzengarde" war gerade gegründet worden und ein Jahr später etablierte sich der Mainzer Carnevalverein.

Carnevalverein mit „C" und ohne „s" zwischen den beiden Wörtern heißt es immer noch in Mainz und Gonsenheim, ganz gleich ob es im Duden nur Karneval bzw. Karnevalsverein lauten darf. Carneval ist ursprünglich abgeleitet von 1) lat. carne vale = Fleisch lebe wohl!, wobei auf die folgende Fastenzeit hingewiesen wird, oder 2) lat. carrus navalis = Narrenschiff, dem mancher Komiteewagen ähnelt.

Fastnacht im eigenständigen Dorf Gonsenheim wurde in den Stammlokalen der Vereine gefeiert. Spargemeinschaften bildeten sich; man sparte das Jahr über, um dann ausgiebig Fastnacht feiern zu können. An den Stammtischen wurde nicht nur „dischputiert", sondern auch die Politik spöttisch beurteilt, manchmal auch in Versen. Aus diesen Sparvereinen entstand die organisierte Fastnacht.

Der älteste Gonsenheimer Carnevalverein ist die „Kleppergarde" von 1877, gegründet von Adolf Oehl, Wirt der Gastwirtschaft „Zur Port" in der Budenheimer Straße, zusammen mit einigen Stammtischbrüdern. Interessant ist in diesem Zusammenhang, dass der Begriff „Klepper" im Na-

Der erste Auftritt des Spielmannszuges der Kleppergarde Neujahr 1955; der Stabführer ist Herr Dreßler.

men der Gonsenheimer und der „Mainzer Kleppergarde" unterschiedliche Bedeutung hat:

Die Gründer der „Gonsenheimer Kleppergarde" besaßen als Landwirte und Fuhrunternehmer alle Pferde, die im Volksmund „Klepper" genannt wurden. Weil die Klepper auch bei den Umzügen eingesetzt wurden, bekam der neue Verein den Namen „Kleppergarde". Der erste Fastnachtumzug fand in Gonsenheim schon 1887 statt.

Die „Mainzer Kleppergarde 1856 e. V." leitet dagegen ihren Namen von der „Klepper als einem sehr beliebten und ganz einfach aus dem Holz von Zigarrenkisten herzustellenden Lärminstrument ab." Diese hochdeutsch Klapper, in Mainz aber „Klepper" oder auch „Klebber" genannt, besteht aus zwei etwa zehn Zentimeter langen Holzbrettchen, die zwischen die Finger geklemmt werden. Schlägt man sie zusammen, entstehen laute Geräusche. Noch heute findet in Mainz ein Klepperwettbewerb für Kinder und Jugendliche bis 14 Jahren statt. Wenn früher zwischen Karfreitag und Ostern die Glocken schweigen mussten, liefen die Jungen mit „Kleppern" durch die Dörfer, um auf den Beginn der Gottesdienste hinzuweisen. So haben das zur Gründungszeit der Kleppergarde bestehende Bauerndorf Gonsenheim und die Stadt Mainz unterschiedliche Begründungen für das Wort „Klepper".

Zurück zur „Gonsenheimer Kleppergarde": Die von der Gonsenheimerin Rosa Wohn angefertigten bunten Schnitzel-Uniformen sind wohl der 1856 gegründeten „Mainzer Kleppergarde" nachempfunden: Das Schnitzelkostüm, heute nicht mehr aus Papier, sondern aus Plastik, beschränkt sich auf das Oberteil. Während die Männer schwarze Hosen tragen, sind die Damen in weiße Faltenröcke gekleidet. Auf dem Kopf trägt man ein „Schiffchen". Seit dem 75-jährigen Vereinsjubiläum 1952 nennt sich der Verein **Carnevalverein Kleppergarde 1877 e.V. Gonsenheim**.

15 Jahre nach der „Gonsenheimer Kleppergarde" folgte die Gründung des heute größten **Gonsenheimer Carneval Vereins Schnorreswackler e. V. 1892**. Seit dem Regierungsantritt Kaiser Wilhelms II. 1888 – nur vier Jahre zuvor – trug der angesehene Bürger, sein junges Reichsoberhaupt nachahmend, einen Schnurrbart. Die beiden ersten deutschen Kaiser Großvater Wilhelm I. und Vater Friedrich III. hatten immerhin Vollbärte getragen. So waren die Gonsenheimer Vereinsgründer mit ihrem haarigen Gesichtsschmuck, in Mundart „Schnorres" genannt, ganz modisch und bezeugten ihre positive Einstellung zum neuen Kaiser. Während der vielen Aktivitäten in der Kampagne kann der Schnorres auch schon mal wackeln, d. h. sich eifrig hin und her bewegen.

Seit ihrer Gründung 1953 ist die als Verein unabhängige **Füsiliergarde** gemeinsam bei Umzügen und in Sitzungen des Carnevalvereins aufgetreten. Gardeuniform und Regimentsfahne kopieren das Füsilier-Regiment

Nr. 80 Hessen-Kassel, das im Pfälzischen Erbfolgekrieg 1688/89 in Gonsenheim stationiert war, um mit anderen deutschen Truppen die Stadt Mainz von der französischen Besatzung zu befreien. Neben dem aus Düsseldorf in den 1930er Jahren übernommenen Mainzer Fastnachts-Schlachtruf „Helau" drückt die Füsiliergarde ihren Einsatzwillen durch den Ausruf „De Kram klappt!" aus. Die größte Mainzer Fastnachtsgarde mit etwa 850 Mitgliedern ist stolz auf ihr umfassendes Aufgebot mit großem Reiterkorps, Offiziers- und Amazonenkorps, modernem Musikzug, Majorettenkorps, Trommlerkorps, Kadettenkorps, Gardeballett, Kinderballett und Showdance-Gruppe. Wenn die Spitze der Garde während

Gonsenheimer Füsiliere spielen auf zur Rekrutenvereidigung.

des Rosenmontagszugs den Dom erreicht, befindet sich die Nachhut noch am Fastnachtsbrunnen.

Bei den Sitzungen der „Schnorreswackler" trat auch die Gesangsgruppe **„Gonsbachlerchen"** auf, die sich 1946 aus Mitgliedern der Turngesellschaft und der Katholischen Jugend gebildet hatte. Mit Josef „Joe" Ludwig und Herbert Bonewitz errang die Truppe mit Gesang, Musik und Akrobatik in der Fernsehfastnacht deutschlandweite Popularität.

Von der Gründung der Füsiliergarde 1953 bis zur Auflösung der „Gonsbachlerchen" aus Altersgründen im Jahr 1992 bildeten die Garde und die Gesangsgruppe mit dem Carnevalverein „Schnorreswackler" die Gonsenheimer „närrische Achse", die von der Bronzefigur vor der VR-Bank symbolisiert wird (s. Kap. 16 Denkmäler).

Ein Jahr nach den „Schnorreswacklern", gründete sich ebenfalls aus einem Sparverein der **Carnevalverein Eiskalte Brüder 1893 e.V.** Die Gründungsmitglieder waren so eifrig bei der Suche nach einem Vereinsnamen, dass sie trotz der winterlichen Kälte nicht fühlten, dass der Ofen ausgegangen war. Erst als sie zum Weggehen die Mäntel anzogen, merkten sie, dass sie unwillkürlich ihr Ziel erreicht hatten. Sie nannten den Verein nach ihrem Zustand und ihrer Verbundenheit „Eiskalte Brüder". An ihren Kappenabenden mit Vorträgen, Liedern und Couplets (Liedern mit Kehrreim) trugen die „Eiskalten" die selbstgestrickten zweireihigen

Wammes (Wams), wie sie die Gonsenheimer Landleute traditionsgemäß trugen, und die Schwartemagenkapp. So sieht man sie auch heute noch bei den Umzügen, manchmal auch bei Sitzungen. 1904 wurde die „Eiskalte Garde" gegründet in der Uniformierung der „Schill'schen Husaren" aus den Befreiungskriegen gegen Napoleon, in der Zwischenzeit hat man sich den Namen „Grenadiergarde der Eiskalten Brüder" gegeben und erscheint in der Uniform eines holländisch-westfälischen Grenadierregiments aus dem Dreißigjährigen Krieg. Dienstgrade sind längst abgeschafft (Krawietz S. 60-64, Die Mainzer Garden, Liederhefte der Vereine).

Die Fastnachts-Kampagne beginnt heutzutage in Gonsenheim eigentlich erst mit den Sitzungen der beiden Carnevalvereine im Januar, doch am 11.11. – wegen der närrischen Zahl und des Namenstags des Mainzer Schutzpatrons – werden bei den närrischen Generalversammlungen schon „die Vorhänge hochgezogen", d. h. die Büttenredner zeigen schon einmal, was sie so alles „draufhaben". Doch dann ist wieder Funkstille bis Neujahr.

Wenn man Karten für die immer gut besuchten Sitzungen ergattern möchte, muss man sich schon nach den Sommerferien erkundigen. Am einfachsten ist es, wenn ein Familienangehöriger Mitglied eines Carnevalvereins oder einer Garde wird, dann ist der Kartenerwerb gesichert.

Auch in Gonsenheim gibt es eine Vielfalt an Fastnachtssitzungen: Der GCV, „Die Schnorreswackler" und die „Eiskalten Brüder" bringen es auf

Zwei ehemalige Ortsvorsteher in Wammes und Schwartemagekapp beim Rosenmontagszug: Philipp Becker (l.) und Peter Krawietz (r.).

jeweils 5-7, davon 1-2 im Kurfürstlichen Schloss, die „Kleppergarde" und die Füsiliergarde auf meist je eine.

Eine lokale Besonderheit muss noch erwähnt werden: Die Sitzung „Alt Gunsenum" der „Eiskalten Brüder", bei der Prominente bis hin zum Ministerpräsidenten und Oberbürgermeister Szenen aus der Gonsenheimer Ortsgeschichte spielen. Hier hört man auch noch Alt-Gunsenumer Dialektwörter. Die Herren im Komitee sind „Wammesferschte" (wörtlich übersetzt „Wamsfürsten": Sie tragen eine gestrickte Jacke, auf der vorne eine doppelreihige Knopfreihe sitzt). Statt „Helau" erklingt ein dreifaches „Huch-Huch-Huch", Mädchen sind Märercher und Spargel heißen Speijele, kurz: Tradition pur.

Natürlich feiern die Gesangsvereine ihre „Worscht-Owende". Bis zu 350 Herren der Schöpfung dürfen sich nach ausgiebigem Genuss von riesigen Wurstportionen mit Bergen von Selleriesalat, Kopfsalat und Bratkartoffeln an einer schwungvollen Sitzung erfreuen, bevor nach Mitternacht noch eine heiße Knoblauchwurst präsentiert wird. Das kann aber nur klappen, wenn vorher die Vereinsdamen zur Vorbereitung des Gelages viele Stunden opfern. Das scheint ihnen aber sehr zu gefallen, denn sie treten am Abend auch noch fröhlich als Gesangsgruppe auf.

Die Vereine, Pfarrgemeinden und Stammtische haben ihre eigenen Sitzungen, Kreppelkaffees oder Fastnachtsveranstaltungen und Feste. In unzähligen Familien werden Hauspartys gegeben.

Als Höhepunkt der Kampagne findet am Fastnachtssamstag ein Empfang der Aktiven im Rathaus statt, dem der Sturm auf die Ortsverwaltung und die närrische Rekrutenvereidigung folgen. Die Ortsvorsteherin wird in Ketten gelegt, wobei ihr der Oberbürgermeister auch nicht helfen kann, und die Rekruten übernehmen die Schlüsselgewalt über das Rathaus. Nachdem die Rekruten „Treue zu Gott Jokus" geschworen haben, findet ihre Vereidigung unter den Klängen der Musikzüge der Füsiliergarde, der Grenadiergarde, der „Kleppergarde" und der Kapelle der Freiwilligen Feuerwehr statt.

Dann beginnt der Umzug durch Gonsenheims Straßen, angeführt vom Ortsbeirat, den Honoratioren und solchen, die sich dazu gehörig fühlen, denen in abwechselnder Reihenfolge die Musikkapellen, Garden und Vereine folgen, besonders aber die vielen Kinder der Gonsenheimer Kindergärten und der Grundschulen, die farbenprächtig verkleidet sind, nach dem in der jeweiligen Einrichtung ausgegebenen Motto. Beim Umzug 2007 zur 125-Jahrfeier der Maler-Becker-Schule waren die Kinder alle wie der Namensgeber als kleine Maler mit einem farbigen Kittel und einer Baskenmütze verkleidet und trugen eine Farbpalette in der Hand. Der Zug endet in der Schule, wo die Eltern Kaffee und Kuchen und andere Getränke und Speisen anbieten, um mit dem Erlös Projekte der Schule finanzieren zu können. Das ist der Höhepunkt, aber auch der Abschluss der Gonsenheimer Straßenfastnacht. Am Abend und in den nächsten Tagen verzieht man sich in die Lokale, zu Bällen und natürlich nach Mainz oder in die anderen Vororte. Der GCV beschließt die Kampagne am Fastnachtssamstag mit einem Maskenball, die „Schnorreswackler" am Fastnachtsdienstag mit einer Sitzung mit Tanz.

In den katholischen Vereinen, bei der katholischen Jugend und den Pfadfindern wird ebenfalls Fastnacht gefeiert. Wer hier bei Fastnachtssitzungen in kleinem Rahmen sein Publikum gefunden hatte, konnte auch in den Carnevalvereinen „ankommen". Anfang der 80er Jahre wurde dann eine **„Pfarreifastnacht"** in der großen Turnhalle ins Leben gerufen, die seit 1987 sogar **als ökumenische Sitzung** der drei christlichen Pfarrgemeinden St. Stephan, St. Petrus Canisius und der evangelischen Kirchengemeinde alljährlich stattfindet. Nur wenn die Fastnachtskampagne kurz ist, haben die Carnevalvereine Vortritt in der Narrhalla und die Pfarreisitzung muss ausfallen. Auch hier ist viel Nachwuchsarbeit betrieben worden, Redner und Ballett der Carnevalvereine vervollständigen die Sitzung.

1952 in der Turnhalle der Turngemeinde: Seppel Glückert, der Protokoller des Mainzer Carneval Vereins, war als Gast beim Gonsenheimer Carnevalverein und geleitet die Prinzessin Waltraud Oehl auf die Bühne; links Karl Bengard als Till, rechts die Ranzengarde.

13.1 Richtlinien bei der Vergabe von Straßennamen

Bis zur Eingemeindung 1938 haben Bürgermeister und Gemeinderat die Straßennamen bestimmt, was in den Gemeinderatsprotokollen im Mainzer Stadtarchiv nachgelesen werden kann. Allerdings fehlt fast immer die Begründung. Heute können Ortsvorsteher und der Ortsbeirat nur noch Vorschläge einbringen, die der Stadtrat bzw. dessen Kulturausschuss beschließt. In den letzten Jahren ist auch der Gonsenheimer Geschichtsverein nach Vorschlägen gefragt worden. Einige der vom HGG vorgeschlagenen Ortsgrößen sind auch als Namensgeber auf den Straßenschildern wieder aufgetaucht.

Seit der letzten Eingemeindung von Finthen, Marienborn, Ebersheim und Laubenheim 1969 darf ein Straßenname nur noch einmal in ganz Mainz vorkommen. Deshalb mussten auch in Gonsenheim einige Straßen umbenannt werden: Zum Beispiel wurde aus der Taunusstraße, die es bereits in der Neustadt gab, die Erfurter Straße.

Die Gonsenheimer Straßen sind meist nach **Flurnamen** oder **Gonsenheimer Persönlichkeiten** wie den katholischen Pfarrern Brantzen, Grimm und Nikolaus, den Bürgermeistern Alexander, Franz August Becker und Josef Ludwig und den Künstlern Becker und Sophie Grosch bezeichnet. Weil Gonsenheim **Flugsportzentrum** war, mit dem Flugplatz auf dem Großen Sand und seit 1909 mit dem sechsten deutschen Flugzeugwerk durch den Flugpionier Jacob Goedecker, wurde bei den Straßenbenennungen auch darauf Wert gelegt. Die Straße Am Alten Flugplatz weist auf das ehemalige Flugfeld mit den Flughallen hin. Hugo Eckener war weltweit bekannter Zeppelin-Pilot und landete auch auf dem Gonsenheimer Flugplatz. Er war Nachfolger von Graf Zeppelin, nach Eckeners Anordnungen entstanden einige Luftschiffe, die er selbst flog, 1924 gelang ihm eine der ersten Atlantik-Überquerungen im Nonstopflug. August von Parseval baute lenkbare Luftschiffe. Straßennamen nach den Jagdfliegern des Ersten Weltkriegs Immelmann und Manfred von Richthofen sind in der Reichseigenheimsiedlung von 1934 zu finden. An die Kampfflieger des Zweiten Weltkriegs Marseille, Mölders und Udet wird in der Finnensiedlung erinnert.

Das **Turnhallenviertel** der Turngemeinde von 1861 und der Turngesellschaft von 1899 wird im rechten Winkel abgeschlossen durch die Jahn- und die Goetzstraße. Jahn ist der allseits bekannte Schöpfer der deutschen Turnerschaft, Ferdinand Goetz die heute vergessene zweite große Persönlichkeit der deutschen Turnbewegung in der zweiten Hälfte des 19. Jahrhunderts.

Mehrfach vertreten sind die **Heiligen** Achatius, Anna, Canisius, Katharina, Maria, Dionysius und die vierzehn Nothelfer, international **berühmte Frauen** sind Elsa Brändström, Agnes Karll und Maria Sybilla Merian, berühmte **Naturwissenschaftler** sind Ernst Abbe, Albert Einstein, Alfred Nobel, Max Planck und Adam Riese, **Fürsten** und Fürstinnen des 19. Jahrhunderts: Großherzogin Eleonore, Kaiser Friedrich und die preußische Königin Luise, **deutsche Politiker**: der erste Reichspräsident der Weimarer Republik Friedrich Ebert (1919-1925), Bundestagspräsident Hermann Ehlers (CDU) und die beiden SPD-Vorsitzenden Kurt Schumacher und Bundeskanzler Willy Brandt, **Widerstandskämpfer** gegen den NS-Staat: Alfred Delp, Carl Goerdeler, Carlo Mierendorff und Graf Stauffenberg.

Am Wohnviertel „Klein-Frankreich" um den Lennebergplatz, das für die französischen Besatzungsoffiziere und ihre Familien nach dem Ersten Weltkrieg gebaut wurde, sind die Straßen nach Ernst Moritz Arndt und Theodor Körner benannt worden, die zum Kampf gegen Napoleon aufgerufen haben. Körner fiel sogar in einem Gefecht.

Geographische Bezeichnungen sind Lennebergstraße und Lennebergplatz, Am Großen Sand, die Flüsse Elbe, Werra und Weser, zu den Nachbarorten führen Budenheimer Straße, Finther Landstraße und Mainzer Straße usw.

Die Erklärung der Straßennamen ist in Persönlichkeiten und Flurnamen unterteilt, die alphabetische Ordnung folgt den unterstrichenen Nachnamen und Hauptwörtern der Flurnamen. „Bürgermeister Alexander" ist also unter Alexander und „An der Nonnenwiese" unter Nonnenwiese eingeordnet, nicht wie in den Straßenverzeichnissen des Telefonbuchs z. B. „Bürgermeister Alexander" und „An der Nonnenwiese". Ausgiebige Erklärungen können in den Gonsenheimer Jahrbüchern nachgelesen werden. Am Ende der Artikel sind zum schnelleren Auffinden Band und Seitenzahl angegeben, z.B. GJ 6, S. 9-15.

13.2 Gonsenheimer Persönlichkeiten

Hier sind alle Persönlichkeiten angegeben, die in Gonsenheim geboren wurden oder hier gelebt und gewirkt haben.

Bürgermeister-**Alexander**-Straße: Franz Ludwig Alexander (Mainz 16.9.1881 - Mainz (Gonsenheim) 14.6.1960, Bürgermeister 1913-1914 und 1918-1933, Ortsvorsteher 1945-1949), der Sohn des Mainzer Musikinstrumentenfabrikanten Alexander, hatte nach dem Abitur an den Universitäten Heidelberg, Berlin, München und Gießen Jura studiert und danach Erfahrungen in staatlichen Dienststellen gewonnen. Bei einer Einwohnerzahl von über 6 000 war eine volle Beamtenstelle mit einem

Berufsbürgermeister notwendig geworden. Doch schon im August 1914 wurde Alexander – nach einer Kriegstrauung mit Apollonia, der Tochter des Finther Sanitätsrats Dr. Weckbacher – als Offizier im Landwehrregiment 118 eingesetzt. Seit Juli 1918 konnte er seine Amtsgeschäfte in Gonsenheim wieder ausüben. Er musste nach dem Ersten Weltkrieg Arbeitsplätze und Wohnraum während der französischen Besatzungszeit (1918-1930) schaffen und mit der Besatzungsmacht eine Form erträglichen Zusammenlebens zu erreichen versuchen. In seine Amtszeit fallen auch die letzte Erweiterung der Maler-Becker-Schule (1930) und die Errichtung des Waldfriedhofs (1931). Die Nationalsozialisten drängten ihn 1933 aus dem Amt, doch konnte er in Mainz eine Rechtsanwaltspraxis eröffnen. Während des gesamten Zweiten Weltkriegs von 1939-1945 musste er als Reserveoffizier dienen. Ende März 1945 berief ihn die amerikanische Militärregierung wieder in sein altes Amt, doch nach der Zwangseingemeindung von 1938 fungierte er nur noch als Ortsvorsteher, wenn auch noch von einem Bürgermeister gesprochen wurde. 1949 schied er als 68-Jähriger aus Altersgründen aus dem Amt. Er hat sich um Gonsenheim verdient gemacht, was auch seine vielen Nebentätigkeiten (Aufsichtsrat der Volksbank, Vorstand des Gewerbevereins, Vorsitzender des Diözesan-Kirchenvorstands, DRK) und Ehrungen dokumentieren. Der Papst ehrte ihn mit einem Orden. Er ruht im Familiengrab auf dem Mainzer Hauptfriedhof (GJ 5, S. 92-96).

Adam-**Allendorf**-Weg: Adam Allendorf (Mainz 1845 - Mainz 1924) war Maler- und Stuckateur-Meister, Präsident des Mainzer Turn-Vereins (MTV) von 1817, Gründer des Lennebergvereins (1874) zur Erschließung des Waldes als Naherholungsgebiet und jahrzehntelanger Vorsitzender des Lennebergvereins. Von 1878 bis 1884 organisierte er das „volkstümliche Wettturnen auf dem Leniaberg" (heute Lenneberg). Mit den Gewinnen wurde der Lennebergturm (1880) zur Verschönerung des Wald- und Naherholungsgebietes finanziert. Er war auch Initiator der Waldgaststätte auf dem Lenneberg (GJ 5, S. 83-91).

Franz-August-**Becker**-Straße: Der Bruder des Malers Becker, Franz August (Gonsenheim 1839 - Gonsenheim 1912, 27 Jahre Bürgermeister von 1885 bis zu seinem Tod) besuchte die Gonsenheimer Volksschule und war dann Landwirt. Im Alter von 46 Jahren wurde er 1885 durch das Vertrauen seiner Gonsenheimer Mitbürger in Persönlichkeitswahl zum Bürgermeister gewählt und mehrmals wiedergewählt. Er führte die Geschicke des großherzoglichen Dorfes über die erstaunlich lange Zeit von 27 Jahren in der schwierigen Umbruchphase zu einer modernen städtischen Gemeinde. Große Unternehmungen und Projekte mit hohem finanziellen Risiko zwangen den Landwirt zu tiefgründiger Information vor schwierigen Entscheidungen: 1888 Bildung einer Freiwilligen Feuerwehr und Anschaffung der Ausrüstung, 1892 Dampfbahn, 1895 Bau der Artillerie-Kaserne, ein neues Schulgebäude und der dritte Bau der Vierzehn-Nothelfer-Kapelle, ein neuer Friedhof an der Kirchstraße, 1900 das Wasserwerk mit Fernleitung, 1904 Gemeinde-Gaswerk, Gemeinde-Apotheke und Post, 1907 elektrische Straßenbahn, 1910 Stromanschluss. Er hatte den Bau neuer Straßen zu organisieren und den Bauboom in Gonsenheim zu überwachen und musste sich vielen juristischen, finanziellen und geistigen Herausforderungen stellen. Der Gonsenheimer Ehrenbürger ruht neben seinem Bruder, dem Maler Ferdinand Becker, auf dem Gonsenheimer Waldfriedhof (GJ 6, S. 30-36).

Maler-**Becker**-Schule und -Straße: Ferdinand Becker (Gonsenheim 1846 - München 1877) und sein Bruder Bürgermeister Franz August Becker stammten aus der ehemaligen Gastwirtschaft „Zum Goldenen Stern" gegenüber dem Rathaus. Der Kirchenmaler Lasinsky, der auch bei der Ausmalung des Domes mit den Nazarenerbildern mitgewirkt hat, entdeckte die Fähigkeiten des jungen Gonsenheimers und nahm ihn von 1865 bis 1868 drei Jahre lang in die Lehre. Zur weiteren Fortbildung kam Ferdinand Becker von 1868 bis 1877 ins Städel'sche Kunstinstitut in Frankfurt a. M. Berühmt wurde der allzu früh verstorbene Gonsenheimer Künstler als Genremaler mit Skizzen aus dem Alltag und Porträts wie z. B. den Ölgemälden seiner Gonsenheimer Großeltern, als Märchenmaler und besonders als Kirchenmaler mit dem Herz-Jesu-Bild in St. Peter in Mainz, der Ausmalung der Schlosskapelle des Fürsten zu Löwenstein in Kleinheubach und dem Zyklus von den Rolandsknappen. Ferdinand Becker ist auf dem Weg zu Studien in Italien am 21. August 1877 in München an Typhus verstorben (Steitz, Maler Becker). Sein Geburtsort ehrte den bekannten Maler durch die Benennung der Gonsenheimer Schule und der angrenzenden Straße mit seinem Namen. Sein Grabdenkmal neben dem seines Bruders steht unter Denkmalschutz (Feld 17). Die Volksschule Gonsenheim erhielt den Namen Maler-Becker-Schule erst 1959, um diese von der zweiten Gonsenheimer Grund- und Hauptschule, die Gleisbergschule genannt wurde, zu unterscheiden. Die Stadtverwaltung hatte ursprünglich Anne-Frank-Schule vorgeschlagen, doch der Gonsenheimer Ortsbeirat bevorzugte den lokalen Künstler als Schulnamensgeber mit dem Argument, es wäre besser, einer im Zentrum der Stadt Mainz liegenden Schule den Namen der in der NS-Zeit ermordeten holländischen Jüdin zu geben.

Pfarrer-**Brantzen**-Straße: Hans Brantzen (Kyllburg/Eifel 1912 - Mainz 1979) war 1941-1945 KZ-Häftling in Dachau und Pfarrer in St. Johannes Evangelist auf dem Münchfeld 1964-1979 (GJ 5, S. 97-98).

Engelstraße: Von 1847 an wurde die Straße parallel zur Grabenstraße angelegt. 1852 zog Franz Engel in das erste Haus ein, weswegen die Straße nach ihm benannt wurde.

Rektor-**Forestier**-Straße: Michael Forestier (1880 Gensingen - 1951), Sohn des Bauern Peter Forestier aus Chantillac bei Bordeaux, seit 1901 Lehrer in Groß-Zimmern und Groß-Umstadt bei Darmstadt, ab 1917 an der Front in Frankreich, dann bis Oktober 1918 in amerikanischer Gefangenschaft, war von 1925 bis zur Zwangsversetzung durch die Nationalsozialisten 1933 Rektor der Gonsenheimer Volksschule, heute Maler-Becker-Schule. Er beschäftigte sich mit der Gonsenheimer Ortsgeschichte und kopierte Urkunden in 58 Oktavhefte, doch durch seine Versetzung konnte er das gesammelte Material nicht mehr zu einer Chronik auswerten. In Gundersheim unterrichtete er von 1933 bis 1947 (GJ 8, S. 23-24).

Isaac-**Fulda**-Allee: Es gab zwei Personen mit demselben Namen. Isaac Fulda war ein hochgebildeter jüdischer Patrizier, der besonders aktiv beim Bau der 1879 geweihten Synagoge in der Flachsmarktstraße war. Der andere Träger dieses Namens war der Mainzer Bankier und Initiator der Gründung der Allgemeinen Kreditversicherung AG unter dem Namen Rheinische Garantiebank durch Mainzer Kaufleute am 19. März 1923. 1995 zog die Gesellschaft in das neue Gebäude an der nach dem Firmengründer benannten Straße auf dem Gonsenheimer Kisselberg um. Im Herbst 1996 wurde Coface Paris mit über 50 % Aktienanteil Hauptaktionär. Seit 2002 gehört die ehemalige „Allgemeine Kredit" als Coface Deutschland zur Groupe Coface, einem der weltgrößten Kreditversicherer und Anbieter von Lösungen bei Geschäftsrisiken.

J. Goedecker in seinem 1. Goedecker. Eindecker 1909

Jacob-**Goedecker**-Straße: Der Gonsenheimer Flugpionier Jacob Goedecker (1882-1957) wurde als anerkannter Flugzeugkonstrukteur geachtet und erhielt zahlreiche Preise. Als zweitältestes von vierzehn Kindern war er während einer Geschäftsreise seiner Eltern in Warschau 1882 zur Welt gekommen. Nach dem Abitur am humanistischen Gymnasium in Mainz studierte er Maschinen- und Schiffsbau an den Technischen Hochschulen in Aachen und Charlottenburg (1902-1906). Schon früh hatte ihn sein Onkel durch das Beobachten des Vogelflugs für die Fliegerei interessiert. Zuerst bastelte Jacob Goedecker Papiermodelle, während des Studiums experimentierte er mit Gestellen aus Bambus, Holz und Seide. Die Idee einer Eigenkonstruktion faszinierte ihn so sehr, dass er sich nach drei Jahren als Diplomingenieur bei einem Unternehmen für den Bau von Schiffsmotoren selbstständig machte und 1909 das sechste deutsche Flugzeugwerk „J. Goedecker Gonsenheim bei Mainz" gründete. Ohne ein solches unternehmerisches Wagnis wäre nie ein „Vogel" in die Luft gestartet.

Das von ihm konstruierte erste Flugzeug mit freitragenden Flügeln war seiner Zeit voraus, später ließen Junkers und Fokker diese Technik patentieren. Goedecker wurde bekannt für seine erfolgreichen Eindecker, „Taube" genannt. 1911 wurde eine Flugschule gegründet, deren erster Schüler und Fluglehrer der Holländer Fokker war, der bei Goedecker einige Flugzeuge in Auftrag gab, mit denen er sein erstes Flugzeugwerk eröffnete. 1912 erhielt der Konstrukteur Goedecker den Kronenorden, erfolgreiche Überlandflüge wurden durchgeführt, auf der Internationalen Luftfahrtausstellung in Berlin (ILA) war sein Ausstellungsstand von Interessierten umlagert. Doch dann 1913 wurde sein Flugboot zum Fiasko. Der Militär-Eindecker und ein Doppeldecker fanden zwar Beachtung, wurden aber nicht vom Militär bestellt, das im Zeichen des heraufziehenden Weltkrieges an leistungsfähigen Flugzeugen in großer Stückzahl interessiert war. So wurde sein Flugzeugwerk während des Ersten Weltkrieges zum Reparaturbetrieb degradiert, nach dem verlorenen Krieg war die Fliegerei auf dem von Franzosen besetzten linken Rheinufer verboten. Mit Autokarosseriearbeiten versuchte er sich mit seinem Sohn in der Weimarer Zeit über Wasser zu halten.

Daneben hat Goedecker sein Leben lang versucht, seine technischen Ideen zu verwirklichen. Er konnte als studierter Ingenieur seine Flugzeuge auf dem Reißbrett konstruieren und berechnen, andere Pioniere haben einfach gebastelt und die Produkte wagemutig in der Luft ausprobiert. Goedecker fehlten aber die Ellenbogen, er war kein Kaufmann, andere haben verwertet, was er erdacht hat. Erst seine Spielzeugkonstruktionen, die das Fliegen auch bei Kindern populär machten, waren in den 50er Jahren seine ersten Verkaufserfolge. Doch den Gewinn machte die Firma, der er das Patent verkauft hatte. Die Allgemeine Zeitung überschrieb die Nachricht von seinem Tod: „Jacob Goedecker, Pionier in den Werdejahren der Fliegerei. Ein genialer Konstrukteur eilte seiner Zeit weit voraus."

Gonsenheimer Bürger spendeten für ein Ehrenmal „Pionier der Luftfahrt" am Gleisberg-Zentrum, eine Straße in der Nähe seines Hauses und seines Werkes ist nach ihm benannt. Der junge Carl Zuckmayer durfte als Klassenkamerad eines Goedecker-Bruders beim Starten und Landen helfen. Er gestand später, „Dies war die einzige Zeit meines Lebens, in der ich mich für Technik interessierte ... Das war die Eroberung der Luft – und wir ... sind dabei gewesen." (GJ 6, S. 51-86 und GJ 16, S. 33-58).

Pfarrer-**Grimm**-Straße: Dominicus Grimm (Seligenstadt 22.4.1829 - Gonsenheim 24.11.1912), der Erbauer des Rheinhessendoms St. Stephan 1906 und der dritten Nothelferkapelle 1895, war Geistlicher Rat und 48 Jahre lang Pfarrer in Gonsenheim, von 1864 bis zu seinem Tod. Er wurde in der Kirche begraben. Seine Grabplatte befindet sich vor dem Marienaltar. Er ist Namensgeber einer Straße und einer Grünanlage, dem ehemals zweiten Gonsenheimer Friedhof, heute Park für Gonsenheimer Feste.

Sophie-**Grosch**-Straße: Sophie Grosch (Mainz-Kastel 1874 - Gonsenheim 1962), Namensgeberin einer Straße im Gonsenheimer Neubaugebiet, war eine zumindest lokal bekannte Malerin. Im Landesmuseum Mainz befinden sich über 500 Arbeiten und in vielen Gonsenheimer Häusern hängen Werke der Künstlerin, die über 50 Jahre in der Eleonorenstraße gelebt hat. Sie malte „Landschaften von lichter Weite und Stimmungen von anrührender Zartheit, Bilder eines Mainz, wie es heute nicht mehr existiert, radierte Studienköpfe voll treffsicheren Humors, duftige Blumenzeichnungen." Dazu kommen viele Gonsenheimer Bilder, vor allem Pflanzen des Großen Sandes und des Gonsenheimer Waldes. Viele Winkel und Ecken des alten Mainz vor dem Zweiten Weltkrieg hat sie gezeichnet, die heute nicht mehr existieren (GJ 10, S. 71-80).

Die Malerin Sophie lebte seit 1911 zusammen mit ihrer Schwester und Schriftstellerin Minnie bis zu ihrem Tod 1962 bzw. 1963, mit einer weiteren Schwester und einem Hausmädchen im Haus Eleonorenstraße 31, dem Alterssitz des Vaters, des Mainzer Dekans und Kirchenrats Grosch, heute evangelisches Pfarrhaus.

Gutenbergstraße: Es ist verwunderlich, dass der Name des größten Sohnes der Stadt Mainz, des „Man of the Millennium", die Schilder einer Vorortstraße ziert. Johannes Gutenberg, eigentlich Johannes Gensfleisch zur Laden zum Gutenberg (Mainz um 1400 - Mainz 1468) gilt als der Erfinder des Buchdrucks mit beweglichen Lettern. Viele Einzelerfindungen waren notwendig, um den gesamten Druckvorgang erfolgreich abzuschließen: Bei der Herstellung von Lettern wird ein Buchstabe auf einem Stahlstempel geschnitten (Patrize) und dann in einen Kupferblock eingeschlagen (Matrize), in einem Handgießgerät können damit beliebig viele Lettern mit einer ebenfalls von ihm erfundenen Legierung (Zinn, Blei, Antimon, Wismut) gegossen werden, die in einem großen Kasten sortiert werden. Der Druckvorgang beginnt mit der Zusammensetzung des Textes aus den Einzelbuchstaben zu einer Druckplatte, dem Übertragen der Druckerschwärze auf die Druckplatte und dem Pressen des Papiers auf die Druckplatte nach dem Prinzip der Weinpresse. Gutenbergs Hauptwerk ist die 42-zeilige Bibel. Die Mainzer Universität und das Weltmuseum der Druckkunst wurden nach dem größten Sohn der Stadt genannt.

Dr. Erich **Jung**-Straße: Dr. Jung (Mainz 1894 - Gonsenheim 1970) war ein standhafter Gonsenheimer Anwalt aus der Kapellenstraße, der Prozesse gegen die NS-Justiz führte. Er war Sohn des Direktors der Mainzer Aktienbrauerei. Der Verlauf der Prozesse kann nachgelesen werden in: GJ 11, S. 93-100 u. 12, S. 53-58.

Hans-**Klenk**-Straße: Hans Klenk (Ludwigsburg 1906 - Mainz 1983) war Fabrikant und Gründer der Firma Hakle, das Wort ist aus den Anfangsbuchstaben seines Vor- und Nachnamens (Ha–kle) gebildet. Das Unternehmen war führend in der Herstellung aller Arten von Hygienepapier. In dem modernen Betrieb arbeiteten bis zu 600 Personen, unter ihnen viele Gonsenheimer. Als gläubiger Christ und Mitglied des Kirchenvorstands der evangelischen Gemeinde Gonsenheim hat er den wirtschaftlichen Ertrag als großzügiger Mäzen eingesetzt. Er stiftete die Chorfenster der evangelischen Kirche und den Großteil der Summe für den Bau des evangelischen Kindergartens, den Kubus zur Erinnerung an die Kriegstoten innerhalb des Kriegerdenkmals neben der Martinus-Schule, die Bürgersäule und die Wasserspiele auf dem Alten Friedhof. Er spendete viel für Bedürftige, einige Gonsenheimer Vereine erfreuten sich seiner Hilfe. Die großen Brunnen auf dem Forum der Universität und vor der Christuskirche sind seine Geschenke an die Stadt Mainz und die Universität. Er war Mitglied honoriger Gesellschaften und hat viele Ehrungen erhalten, er war Generalkonsul von Panama, Senator der internationalen Gutenberg-Gesellschaft, Ehrenbürger der Mainzer Universität, Träger der Gutenberg-Plakette und des Großen Verdienstkreuzes. Er fand 1983 seine letzte Ruhestätte auf dem Mainzer Hauptfriedhof (GJ 13, S. 130-135).

Josef-**Ludwig**-Platz: Josef Ludwig (Gonsenheim 1897 - Gonsenheim 1949) musste schon früh den väterlichen landwirtschaftlichen Betrieb übernehmen. Er wurde während des Ersten Weltkriegs bei seinem Einsatz im Alpenkorps schwer verwundet. Schon 1923 wurde er in den Gemeinderat gewählt, seit 1927 war er Vorsitzender der Zentrumsfraktion. Mit 28 Jahren wurde er Direktor der Gonsenheimer Bezugs- und Absatzgenossenschaft und Leiter der Markthalle. Doch in der NS-Zeit wurde er entlassen, sodass er als Selbstständiger im Landprodukte-Handel tätig werden musste. 1939 wurde er eingezogen, doch wegen einer schweren Verwundung bald darauf entlassen. In Mainz wurde er mit der Versorgung der Krankenhäuser und Betriebe beauftragt. Heimlich half er Verfolgten, Juden und Gefangenen und hielt Kontakte zu Mitgliedern anderer Parteien und Kirchen, was sehr risikoreich war. Schon 1945 wurde er in den Stadtausschuss berufen und 1946 in den Stadtrat gewählt. In Gonsenheim war er Mitbegründer der CDU und wurde in den Ortsbeirat gewählt. Nach dem Ausscheiden des Ortsvorstehers Alexander aus Altersgründen war er nur wenige Monate Ortsvorsteher, bis zu seinem frühen Tod mit 52 Jahren am 23.11.1949 (GJ 6, S. 92-97).

Jakob-**Nickolaus**-Weg: Jakob Nickolaus (Finthen 1906 - 1986), von Beruf Strommeister beim Wasser- und Schifffahrtsamt, zählte zu den Männern der ersten Stunde. Schon am Ende des Zweiten Weltkriegs traf er sich geheim mit Demokraten zur Organisation des Wiederaufbaus. Seine schwerste Arbeit war – nach eigener Aussage – der Wohnungsausschuss. Er gilt als Wiederbegründer der SPD und war für die Partei 16 Jahre im Mainzer Stadtrat tätig, 25 Jahre als Fraktionssprecher im Gonsenheimer Ortsbeirat, 34 Jahre im Ortsgericht, 30 Jahre im Landwirtschaftsausschuss des Stadtrats, als Mitglied auch in anderen Ausschüssen. Da er kein Ideologe war, galt ihm auch die Sympathie anderer Parteien. Sein Hauptinteresse lag in der Erweiterung Gonsenheims. Er wurde mit vielen Ehrungen bedacht: Ehrenring der Stadt, Gutenberg-Statuette, Stadtsiegel in Silber, Gonsenheimer Bürgersäule, Freiherr-vom-Stein-Plakette.

„Gerechtigkeitssinn, Fairness und Toleranz gingen mit seiner Arbeit einher. Beruflich war er für die Sicherheit am Rheinstrom mitverantwortlich. Dabei oblag ihm auch die Kontrolle wasserpolizeilich genehmigter Anlagen, Umschlagstellen und Steiger sowie die Aufsicht über Häfen und Fahrwasser. Dazu ließ er an den Ufern viele tausend Pappeln pflanzen. Er starb 1986 im Alter von 80 Jahren." (nach Joe Ludwig im „Blickpunkt", Beilage der AZ für Gonsenheim und Finthen).

Adolf-Ernst-**Schuth**-Straße: Schuth (1864-1937) von Beruf Kaufmann, war langjähriger Gemeinderat, besonders aktiv während des Ersten Weltkriegs bei der Versorgung der Bevölkerung, als Heimatforscher Verfasser verschiedener Festbücher zu den Vereinsjubiläen 60 Jahre MGV Cäcilia 1905, 80 Jahre „Cäcilia" 1925 und 50 Jahre MGV Einigkeit 1929.

Philipp-**Wasserburg**-Straße: Philipp Wasserburg (Mainz 11.10.1827 - 13.4.1897) studierte an der damals hessen-darmstädtischen Landesuniversität Gießen Jura. 1848 schrieb er revolutionäre Kampflieder und Gedichte, ging zu Demonstrationen auf die Straße und schloss sich in Mainz dem sozialistisch orientierten Arbeiterverein an. 1850 nach beendetem Jurastudium, kam er als Gerichtsassessor an das Bezirksgericht Mainz. Hier gründete er 1852 einen kommunistischen Geheimclub, der die Idee eines utopischen Sozialismus diskutierte. Als man Wasserburg als Autor revolutionärer Gedichte entdeckte, wurde er wegen Hochverrats zu 10 Monaten Gefängnis verurteilt. Trotz vorzeitiger Entlassung wurden ihm die Examen und die bürgerlichen Ehrenrechte aberkannt. Als Jurist oder wenigstens Schreiber eines Anwalts konnte er keine Arbeit mehr finden. Desto überraschender war die Einstellung des Atheisten und Kommunisten durch die katholische Zeitung Mainzer Journal mit 30 Gulden Monatslohn. Jetzt erst konnte er seine Braut Johanna Steiger heiraten, die in über zwanzigjähriger Ehe fünf Kinder zur Welt brachte. Mit seiner Familie zog er in sein neues Haus „mit Blick in das herrliche Gonsbachtal". Bald wurde er zum Redakteur befördert. Durch die Beschäftigung mit philosophischen und theologischen Büchern wandelte er sich zum überzeugten Katholiken. Neben seiner vielfältigen journalistischen Tätigkeit für mehrere deutsche und ausländische Zeitungen schrieb er etwa 30 Romane. Unzufriedenheit mit der Entwicklung seiner Zeit ließ ihn auch zum Politiker werden. Als Stadtverordneter in Mainz für das Zentrum ab 1878 war er in verschiedenen Ausschüssen tätig. Er verfasste u. a. gedruckte Stellungnahmen zur Stadterweiterung. Im Kulturkampf griff er den Kaiser in einem Brief an, der ihm zwei Monate Festungshaft einbrachte. Von Ende 1878 bis 1890 vertrat er auch den umstrittenen Industrie-Landkreis Offenbach-Ost in der zweiten Kammer des Hessischen Landtags in Darmstadt. Bereits 1893 wurde er erneut in den Landtag gewählt, dieses Mal vom agrarischen Landkreis Bingen-Land. Er starb am 13. April 1897. In zahlreichen Nachrufen wurde er geehrt (GJ 4, S. 39-56).

13.3 Deutsche und internationale Persönlichkeiten

Ernst **Abbe**-Straße: Ernst Abbe (1840-1905) schuf die wissenschaftliche Grundlage für den Bau optischer Geräte. Er wurde 1875 Teilhaber der optischen Werkstätte Zeiss. Zusammen mit Carl **Zeiss** und Otto **Schott** (1851-1935), dem Schöpfer der wissenschaftlichen Glastechnik und Begründer der Glasindustrie, gründete er 1884 in Jena das Glastechnische Laboratorium Schott & Genossen und das Jenaer Glaswerk, die widerstandsfähige Spezialgläser herstellten, wie optische Gläser oder Thermometerglas (Jenaer Glas). Die Spezialgläser produzierte Schott nach den Vorstellungen Abbes. Abbe wurde nach Zeiss' Tod Alleininhaber der Zeisswerke, die er in eine Stiftung überführte. Seit 1891 war er nur noch Bevollmächtigter der Stiftung, die soziale Reformen einführte: bezahlter Urlaub für die Arbeiter, Gewinnbeteiligung, Pensionsanspruch und seit 1900 den Achtstundentag. Schott übertrug 1918 seine Besitzrechte an die Carl-Zeiss-Stiftung. Die Besitzrechte in der DDR gingen verloren. Schott Glas in Mainz, Europas größter Spezialglashersteller, ist im Besitz der 1884 gegründeten Carl-Zeiss-Stiftung.

Arndtstraße: Ernst Moritz Arndt (1769-1860) war Professor für Geschichte in Greifswald, ab 1840 in Bonn und Mitglied der Frankfurter Nationalversammlung 1848/49. Es ist bezeichnend, dass eine Straße im Wohnviertel, das für die Familien der französischen Besatzungsoffiziere nach dem Ersten Weltkrieg erbaut wurde, nach einem deutschen Intellektuellen benannt wurde, der gegen die Besetzung Deutschlands durch Napoleon hasserfüllt polemisierte, sodass er nach Schweden und Russland flüchten musste.

Elsa-**Brändström**-Straße: Die Schwedin Elsa Brändström wurde 1888 als Tochter des schwedischen Gesandten in St. Petersburg (Russland) geboren und widmete ihr Leben der deutschen Kriegsgefangenenfürsorge in Russland und Sibirien von 1914 bis 1920. Mit dem Verkaufserlös ihres Buches über ihre Erlebnisse *Unter Kriegsgefangenen in Russland und Sibirien* gründete sie ein Arbeitssanatorium für ehemalige deutsche Kriegsgefangene und ein Kriegswaisenhaus in Sachsen. Auch im Zweiten Weltkrieg kümmerte sie sich um Gefangene. Sie starb 1948 in den USA (GJ 8, S. 78-88).

Alfred-**Delp**-Straße: Der katholische Theologe (Mannheim 1907 - Berlin 1945) konvertierte von der evangelischen zur katholischen Kirche, trat dann dem Jesuitenorden bei und arbeitete seit 1942 in der Widerstandsbewegung Kreisauer Kreis am Entwurf einer christlichen Sozialordnung mit. Nach dem Attentat auf Hitler am 20.7.1944 wurde er vom Volksgerichtshof zum Tode verurteilt und hingerichtet.

Friedrich-**Ebert**-Platz: Friedrich Ebert (Heidelberg 1871 - Berlin 1925) war Sattler, dann Redakteur, seit 1912 Mitglied des Reichstags, 1913-1919 SPD-Vorsitzender. Am 9.11.1918 übernahm er die Amtsgeschäfte eines Reichskanzlers als Vorsitzender des Rats der Volksbeauftragten und wurde am 11.2.1919 von der Nationalversammlung zum Reichspräsidenten der Weimarer Republik gewählt. Er starb 1925 im Amt. Ebert versuchte durch überparteiliche Amtsausübung zwischen den politischen Gegensätzen zu vermitteln.

Hugo-**Eckener**-Straße: Hugo Eckener (1868-1954) war „Luftschiffer", d. h. führte Fahrten mit dem Luftschiff Zeppelin durch. So landete er auch auf dem Gonsenheimer Flugplatz. Nach dem Tode Zeppelins 1917 wurde er dessen Nachfolger. Nach seinen Anordnungen entstanden einige Luftschiffe, die er selbst flog. 1924 gelang ihm eine der ersten Atlantik-Überquerungen im Nonstopflug. Mit dem durch eine Volksspende erbauten „Graf Zeppelin" (LZ 127) unternahm er die Amerika-Fahrt 1928, die Weltfahrt 1929 und die Polarfahrt 1931. 1936 führte er fahrplanmäßige Fahrten mit dem Luftschiff „Hindenburg" (LZ 129) nach Nordamerika ein. Das Luftschiff wurde aber 1937 in Lakehurst durch eine Explosion zerstört. Seine Erinnerungen schrieb er nieder in *Im Zeppelin über Land und Meere* (1949).

Hermann-**Ehlers**-Straße: ursprünglich Turnerstraße, weil vor dem Bau der Turnhalle hier auf einen Turnplatz geturnt wurde. Hermann Ehlers (1904-1954) war Jurist und in der NS-Zeit aktiv in der Bekennenden Kirche, wurde Mitglied des Oberkirchenrates in Oldenburg und war tätig im Evangelischen Hilfswerk und in Flüchtlingsorganisationen. Seit 1949 MdB für die CDU, war er von 1950 bis zu seinem Tod 1954 Bundestagspräsident, von 1952 bis 1954 auch 2. Vorsitzender der CDU.

Albert-**Einstein**-Straße: Albert Einstein (Ulm 1879 - Princeton 1955) entwickelte als weltberühmter Physiker die Relativitätstheorie, die Grundlage der modernen Physik. 1921 erhielt er den Nobelpreis. Die Nationalsozialisten zwangen ihn 1933 wegen seiner jüdischen Herkunft zur Aufgabe seiner akademischen Ämter, worauf er in die USA auswanderte.

Eleonorenstraße: Großherzogin Eleonore von Hessen-Darmstadt (17.09.1871 - 6.11.1937 bei einem Flugzeugabsturz), zweite Ehefrau des Großherzogs Ernst Ludwig von Hessen und bei Rhein. Ursprünglich war die parallel verlaufende Gerhart-Hauptmann-Straße nach ihrem Ehemann Ernst Ludwig benannt.

Friedrichsstraße: In seiner Sitzung vom 27. Juli 1902 führte der Gonsenheimer Gemeinderat die Namen Friedrichstraße und Luisenstraße für die parallel verlaufenden Straßen im neuen Waldvillenviertel ein. Auch bei allen anderen Straßenbenennungen fehlt im Ergebnisprotokoll die Begründung für die Namensnennung. Irgendwann wurde auf den Mainzer Straßenschildern ein „s" hinzugefügt zu Friedrichsstraße. Es können zwei verschiedene Namensgeber gemeint sein:

Entweder König Friedrich II. von Preußen, der „alte Fritz" (1740-1786), oder wahrscheinlicher Kaiser Friedrich III. (1888).

Der Sohn Kaiser Wilhelms I. und Vater des letzten Kaisers Wilhelm II. war der Hoffnungsträger der Liberalen, regierte 1888 leider nur 99 Tage, bevor er an Kehlkopfkrebs starb. Bei der Straßenbenennung 1902 hatten die Gonsenheimer Gemeinderäte schon eine Kaiserstraße (heute Breite Straße) benannt, bezogen auf den regierenden Kaiser Wilhelm II. Mit der Straßenbezeichnung Friedrichstraße ehrten sie dessen Vater und Enkel der Königin Luise, Namensgeberin der Parallelstraße. Außerdem war Victoria, die Witwe Friedrichs III. und Tochter der gleichnamigen englischen Königin, ein Jahr zuvor, am 5. August 1901, gestorben. Seit dem allzu frühen Ableben ihres Mannes hatte sie sich stets „Kaiserin Friedrich" genannt und die meiste Zeit in ihrem Schloss „Friedrichshof" zugebracht, das sie sich fern von Berlin, in Kronberg im Taunus, hatte erbauen lassen (heute Schlosshotel Kronberg).

Carl-**Goerdeler**-Straße: Carl-Friedrich Goerdeler (1884 in Schneidemühl/heute Polen - 1944), war Jurist, 1930-1937 Oberbürgermeister von Leipzig, 1931-1932 und 1934-35 gleichzeitig Reichskommissar für Preisüberwachung. Er geriet aber während der Mitarbeit im NS-Staat immer mehr in Opposition zur NS-Diktatur, die den Rechtsstaat beseitigte. Aus Protest trat er von seinem OB-Amt zurück. Er wurde zum Mittelpunkt des zivilen Widerstands und war nach einem Sturz Hitlers als Reichskanzler vorgesehen. Er war der Ansicht, nur eine Verhaftung Hitlers ohne Attentat könne eine Katastrophe verhindern. Nach dem missglückten Anschlag vom 20. Juli 1944 wurde er vom Volksgerichtshof zum Tode verurteilt und am 2.2.1945 in Berlin-Plötzensee hingerichtet.

Goetzstraße: Im Gonsenheimer Turnerviertel mit den Hallen der 1861 gegründeten Turngemeinde und der Turngesellschaft von 1899 ist die abschließende Straße Ferdinand Goetz (1826 - 1915) gewidmet. Nach „Turnvater" Jahn war er die zweite große Persönlichkeit der deutschen Turnerbewegung im 19. Jahrhundert. Er war von 1860 bis zu seinem Tod 1915 Geschäftsführer und von 1895 ab auch noch Vorstandsvorsitzender der Deutschen Turnerschaft, der damals weltgrößten Turnorganisation. Bei nationalen Gedenktagen wie Völkerschlacht- und Sedanstag dokumentierten die deutschen Turner ihre nationale Gesinnung. Doch sie veranstalteten auch fröhliche Vereinsfeste. Beim Gedenkfest zum 100. Geburtstag Jahns in Mainz 1878 verdeutlichte der Gastgeber und Vorsitzende des MTV 1817, Adam Allendorf, auch Gonsenheimer Straßennamensgeber (s. o.), den Turnern „die hohe turnerische und vaterländische Bedeutung" des Festes mit Fackelzügen und Freudenfeuer.

Auch Curt Goetz (1888-1960) könnte als Namensgeber infrage kommen. Nach dem in der Gartenfeldstraße 20 in Mainz geborenen Schauspieler und brillanten Komödienschreiber – u.a. *Frauenarzt Dr. Prätorius* und *Das Haus in Montevideo* – ist allerdings schon eine Straße in Drais benannt.

Händelstraße: Georg Friedrich Händel (1685 in Halle an der Saale - London 1759) war als Geiger und Kapellmeister in Hamburg, Italien und Hannover tätig, bevor er 1712 nach London übersiedelte, wo er Hofkomponist wurde und 1727 die englische Staatsbürgerschaft annahm. Deshalb ist er heute im Königreich als englischer Komponist „Handel" bekannt – ohne den deutschen Umlaut „ä". Er schuf viele Barockopern und Oratorien, von denen einige schon im Rheinhessendom aufgeführt wurden.

Immelmannstraße: Max Immelmann war Jagdflieger (Dresden 1890 - 1916) kam nach 15 Luftsiegen bei einem Absturz in Nordfrankreich 1916 ums Leben. Er schuf neben Boelcke die deutsche Luftkampftechnik. Beide erhielten als erste Jagdflieger den Orden Pour le mérite.

Jahnstraße: Friedrich Ludwig Jahn (1778-1852) war der Schöpfer der deutschen Turnbewegung, um die körperlichen und geistigen Kräfte des Volkes im Kampf gegen Napoleon zu stärken.

Agnes-**Karll**-Straße: Agnes Karll (1868-1927) war gelernte Krankenpflegerin und vervollständigte ihr Wissen und Können durch einen Aufenthalt in den USA und durch Kontakte zu Kolleginnen und Kollegen in Großbritannien, Finnland und Österreich. Innerhalb der Frauenbewegung gründete sie als Ableger des Allgemeinen Deutschen Frauenvereins im Jahre 1903 die Berufsorganisation der Krankenpflegerinnen Deutschlands, heute Deutscher Berufsverband für Pflegeberufe (DBfK), und wurde deren erste Vorsitzende. Sie kämpfte für die Anerkennung des Berufsstandes und für eine grundlegende dreijährige Ausbildung in der Krankenpflege. Die Berufsbezeichnung Krankenschwester geht auf sie zurück. 1909 wurde Agnes Karll in London Präsidentin des Weltbundes der Krankenpflegerinnen. Sie war auch Ehrenmitglied der Oberinnen-Vereinigung in Großbritannien. An der Leipziger Frauenhochschule war sie 1913 als eine der ersten Frauen als Dozentin tätig.

Kanonikus-**Kir**-Realschule: Der Oberbürgermeister von Dijon Kanonikus Félix-Adrien Kir (1876-1968) und sein Mainzer Amtskollege Franz Stein waren die Initiatoren der Partnerschaft beider Städte seit 1958. Kir war katholischer Pfarrer seit 1901, seit 1931 Domherr in Dijon (lat.: Kanonikus). Als Chefredakteur einer kirchlichen Zeitschrift erwarb er sich öffentliches Ansehen. Während der deutschen Besetzung ermöglichte er als Mitglied der Résistance die Flucht von französischen Kriegsgefangenen, wofür er zum Tode verurteilt, jedoch nach zwei Monaten Haft – auf Intervention des Nuntius – entlassen wurde. 1940 wurde er in den Stadtrat von Dijon gewählt. Als Bürgermeister erwarb er sich auch den Respekt der Besatzer. Nach der Befreiung wurde er Oberbürgermeister von Dijon und blieb es über mehrere Wahlperioden insgesamt 23 Jahre lang. Von 1953 bis 1967 war er auch Alterspräsident der französischen Nationalversammlung. Insgesamt hat er für die Stadt Dijon mehr als 20 ausländische Partnerschaften geschlossen. Nach seiner Auffassung müssten sich die Völker erst kennenlernen, um nicht mehr aufeinander zu schießen.

Sein bevorzugter Apéritif war Weißwein mit einem Schuss Crème de Cassis, der heute als Kir bezeichnet wird. Double K entstand 1960 nach seinem Treffen mit Chruschtschow (franz.: Khrouchtchev): Weißwein + Cassis + Wodka.

Theodor-**Körner**-Straße: Karl Theodor Körner (Dresden 1791 - Gadebusch 1813) errang große Erfolge mit Lust- und Trauerspielen, schloss sich während der Befreiungskriege gegen Napoleon dem Lützowschen Freikorps an und fiel im Gefecht bei Gadebusch am 26.8.1813, noch vor der Völkerschlacht bei Leipzig im Oktober 1813. Seine Kriegs- und Freiheitslieder erschienen posthum 1814 unter dem Titel Leyer und Schwert.

Konrad-**Kraus**-Straße: Conrad Kraus (1833-1885) schrieb historische Unterhaltungsromane, in denen er die kurfürstliche Vergangenheit verklärte, so ganz nach dem Geschmack der Leser. Doch eigentlich war er Baumeister und Hessen-Darmstädtischer Hofarchitekt, der Mitte des 19.

Jahrhunderts die Bebauung unterhalb des Kästrichs – Walpodenstraße, Breidenbacherstraße, Kupferbergterrasse – in historisierendem Stil prägte, hauptsächlich im Stil der italienischen Renaissance.

Luisenstraße: Königin Luise, Prinzessin von Mecklenburg-Strelitz, geb. in Hannover 1776, war seit 1793 mit dem späteren preußischen König Friedrich Wilhelm III. (1797-1840) verheiratet und Mutter der preußischen Könige Friedrich Wilhelm IV. (1840-1861) und Wilhelm I. (ab 1861, seit 1871-1888 auch deutscher Kaiser). Sie floh nach der Niederlage Preußens 1806 gegen Napoleon mit ihren Kindern nach Königsberg und Memel. Im Juli 1807 unternahm sie einen vergeblichen Versuch, Napoleon zu besseren Friedensbedingungen zu überreden. Durch ihren Einsatz und ihre bezaubernde Persönlichkeit wurde sie sehr populär und schon zu Lebzeiten idealisiert. Sie starb 1810 sehr jung im Alter von 34 Jahren.

Maria-Sybilla-**Merian**straße: Maria Sybilla Merian (Frankfurt a. M. 1647 - Amsterdam 1717) war Malerin, Kupferstecherin und Naturforscherin in Nürnberg und in den Niederlanden. 1699 bis 1701 war sie in Surinam in Südamerika, nördlich von Brasilien, wo sie die Zeichnungen zu ihrem Hauptwerk schuf, der *Metamorphosis insectorum surinamensium*, erschienen in Amsterdam 1705. „Schon lange vor der Frauenemanzipation hat sie für eine Frau im 17. Jahrhundert ein sehr selbstbestimmtes, modernes Leben geführt." Sie musste ihren Beruf ausüben, um den Lebensstandard ihrer Familie zu sichern, auch nach der Scheidung als allein erziehende Mutter. Es war damals sehr schwierig, als Frau in die Naturwissenschaften, die Domäne der Männer, einzudringen. Ihre Forschungsergebnisse – z.B. die verschiedenen Entwicklungsstadien der Insekten – waren bahnbrechend. Als erste Frau unternahm sie eine Forschungsreise zu einem entfernten Kontinent, um seltene Tiere zu erforschen. „Lebensläufe dieser Art sind ein Mosaikstein zur Frauenemanzipation." (Dagmar Müller, in: GJ 7, S. 60-66). Ihre beiden Vornamen im Straßennamen dienen zur Unterscheidung von ihrem Vater, dem weltbekannten Kupferstecher Matthäus Merian (1593-1650), der u. a. im Monumentalwerk *Theatrum Europaeum* exakte Städtebilder (auch von Mainz) schuf.

Marseillestraße: Hans-Joachim Marseille, geb. 1919 in Berlin, war der erfolgreichste Jagdflieger des Afrikafeldzuges. Er war der erste Jagdflieger, der 100 Abschüsse gegen westalliierte Flieger erreichte, wofür er das Ritterkreuz mit Eichenlaub und Schwertern erhielt. Nach 126 Abschüssen erhielt er die Brillanten zum Ritterkreuz und wurde mit 22 Jahren zum jüngsten Hauptmann der Luftwaffe. Doch die gegnerische Übermacht zermürbte auch ihn. Der „Stern von Afrika" stürzte im September 1942 ab, ohne gegnerische Berührung, wegen eines Maschinendefektes.

Carlo-**Mierendorff**-Straße: Carlo Mierendorff (geb. Großenhain 1912 - gest. Leipzig 4.12.1943) war nach dem Ersten Weltkrieg in der Gewerkschaft und als Journalist in Hessen aktiv. Als Sozialdemokrat und füh-render Jungsozialist wurde er durch die Reichstagswahlen im September 1930 Reichstagsabgeordneter und zeichnete sich dabei als entschiedener Gegner des Nationalsozialismus aus. Die Jahre 1933 bis 1938 verbrachte er im KZ, doch schloss er sich nach seiner Freilassung dem Kreisauer Kreis an. Er starb bei einem Luftangriff.

Möldersstraße: Werner Mölders (Gelsenkirchen 1913 - 1941) war 1938 der erfolgreichste Jagdflieger der Legion Condor und hatte damit großen Anteil an der Niederlage der spanischen Volksfrontregierung im Bürger-krieg gegen die Putschisten unter General Franco. 1940 war er Komman-deur eines Jagdgeschwaders im Kampf um England. Für 101 Abschüsse erhielt er die höchste Auszeichnung: Brillanten zum Ritterkreuz mit Ei-chenlaub und Schwertern. 1941 wurde Mölders Inspekteur der Jagdflie-ger. Er stürzte bei Breslau im November 1941 ab.

Seine Einstellung wird heute sehr kontrovers gesehen. Der Bundestag hat 1998 beschlossen, Ehrungen wie z.B. Benennungen von Kasernen bei Mit-gliedern der Legion Condor zu verbieten. Ein Einsatz bei der Zerstörung von Guernica kann Mölders nicht nachgewiesen werden, wohl aber Ein-sätze auch gegen die Zivilbevölkerung. Anerkennung findet Mölders noch immer in militärischen Kreisen. Das Militärgeschichtliche Forschungsamt der Bundeswehr (MGFA) kam zum Schluss, dass „die für vorbildhaft ge-haltenen militärischen Leistungen ... im Rahmen eines Angriffs- und Ver-nichtungskrieges für das NS-Regime erbracht wurden."

Alfred-**Nobel**-Straße: Der schwedische Chemiker und Industrielle Alfred Nobel (Stockholm 1833 - San Remo 1896) erfand 1867 das Dynamit und andere Sprengstoffe. Sprengstofffabriken entstanden in einigen Indus-trieländern, so 1865 in Deutschland die Firma Alfred Nobel & Co, die heu-tige Dynamit Nobel KG. Nobel übergab sein immenses Vermögen einer Stiftung, die jährlich die international sehr anerkannten Nobelpreise in Physik, Chemie, Medizin und Literatur sowie für Verdienste um die Erhal-tung des Friedens verleiht.

Parsevalstraße: August von Parseval (Frankenthal 1861 - 1942) konst-ruierte den Drachenballon, der vom Militär als Beobachtungsballon einge-setzt wurde, und baute das nach ihm benannte lenkbare Parseval-Luftschiff. Die Fahrten des „Parseval" (auch Parzeval oder Parceval) wurden genauso bejubelt wie die Zeppeline. Bis zum Ende des Ersten Weltkriegs wurden noch 22 seiner Luftschiffe eingesetzt, weitere bis in die 30er Jahre. Er war 1912-1936 Professor für Luftschifffahrt an der TH Berlin. Er starb 1942.

Max-**Planck**-Straße: Max Planck (1858-1947) war einer der bedeutends-ten Physiker des 20. Jahrhunderts. Er erhielt den Nobelpreis 1918. Die Deutsche Physikalische Gesellschaft stiftete 1928 die Max-Planck-Medail-le, deren erster Preisträger er war. Er war von 1930-1937 und 1945/46

Präsident der Kaiser-Wilhelm-Gesellschaft zur Förderung der Wissenschaften, die nach ihrer Umbenennung heute den Namen Max-Planck-Gesellschaft führt.

Wilhelm-**Raabe**-Straße: Wilhelm Raabe (1831-1910) gilt als Erzähler des poetischen Realismus, bekannt sind *Der Hungerpastor* (1864), ein seelenvoller Pastor wird seinem auf Erfolg und Macht ausgerichteten Jugendfreund gegenübergestellt, *Der Schüdderupp* (1870), der Pestkarren als Symbol des menschlichen Schicksals.

Raiffeisenstraße: Friedrich Wilhelm Raiffeisen (Hamm a. d. Sieg 1818 - Neuwied 1888) erkannte die Not der Landwirtschaft in der Mitte des 19. Jahrhunderts durch Überschuldung, Wucherzinsen und Zwangsversteigerung und schuf deshalb Genossenschaften, Spar- und Darlehenskassen-Vereine nach dem Selbsthilfegedanken. Daraus entwickelte sich das landwirtschaftliche Genossenschaftswesen. Das sozialpolitische Handeln des evangelischen Christen Raiffeisen entsprang seinem in der Bibel begründeten Glauben und der christlichen Nächstenliebe.

Manfred-von-**Richthofen**-Straße: Manfred Freiherr von Richthofen, geb. in Breslau 1892, war im Ersten Weltkrieg mit 80 Abschüssen der erfolgreichste deutsche Jagdflieger, bis er im April 1918 an der Somme fiel.

Adam-**Riese**-Straße: Eigentlich Adam Ries (1492-1559), war Rechenmeister in einer Rechenschule in Erfurt und ab 1525 in Annaberg. Er schrieb mehrere Lehrbücher des praktischen Rechnens, die Einfluss auf den Schulunterricht hatten und ihn zum „Rechenmeister der Deutschen" machten. Der Ausspruch „nach Adam Riese" bedeutet so viel wie „richtig und genau gerechnet".

Reinhold-**Schneider**-Straße: Reinhold Schneiders (Baden-Baden 1903 - Freiburg im Breisgau 1958) literarische und kulturhistorische Werke spiegeln christlich-humanistische Überzeugung wider (*Las Casas vor Karl V.*). 1940 erhielt der Schriftsteller Schreibverbot. Wegen seiner Teilnahme am katholischen Widerstand wurde er vor Kriegsende wegen Hochverrats angeklagt.

Kurt-**Schumacher**-Straße: Kurt Schumacher (Culm/Westpreußen 1895 - Bonn 1952) war von 1930-1933 SPD-Reichstagsabgeordneter und von 1933-1945 als unerbittlicher Gegner des Nationalsozialismus im KZ. Sofort nach dem Krieg dirigierte er von Hannover aus die Wiederbegründung der SPD und kämpfte gegen die Vereinigung der SPD mit der KPD in den Westzonen und in den Westsektoren Berlins. Er war seit 1946 im Westen Vorsitzender der SPD, 1948/49 Mitglied des Parlamentarischen Rates, ab 1949 Mitglied des Bundestages und SPD-Fraktionsvorsitzender und übte so als Oppositionsführer scharfe Kritik an der Politik des Bundeskanzlers Adenauer (CDU), besonders gegen die Westbindung. Er erstrebte die Teilnahme eines wiedervereinigten Deutschlands an einer Gemeinschaft freier Staaten Europas.

Graf-**Stauffenberg**-Straße: Claus Graf Schenk von Stauffenberg (1907 - erschossen 20. Juli 1944) wurde zur treibenden Persönlichkeit der Widerstandsgruppen des 20. Juli 1944. Als Oberst seit dem 1.7.1944 und Stabschef beim Befehlshaber des Ersatzheeres hatte er Zutritt zu Hitlers Hauptquartier. So konnte er das Attentat auf Hitler ausführen, das er als notwendig für einen Umsturz ansah. Nach dem Scheitern am 20. Juli 1944 wurde er standrechtlich erschossen.

Die Heinrich-von-**Stephan**-Straße – innerhalb der für Postbeamte erbauten Postsiedlung – wurde benannt nach Heinrich von Stephan (1831-1897), dem Organisator des deutschen Postwesens. Nach der Reichseinigung 1871 baute er die Reichspost auf, führte die Postkarte und 1877 den Fernsprecher ein. Er war 1874 Gründer des Weltpostvereins.

Stolze-Schrey-Straße: Ursprünglich wurde die Straße nach F. X. Gabelsberger benannt, dem Erfinder der deutschen Kurzschrift (Stenographie) 1834. 1969 musste die Straße umbenannt werden. Die neuen Namensgeber sind praktisch Gabelsbergers Nachfolger. Die deutsche Kurzschrift wurde 1841 durch W. Stolze und nochmals 1887 durch F. Schrey verbessert. 1897 entstand das Einigungssystem Stolze-Schrey. 1924 wurde die Deutsche Einheitskurzschrift (DEK) eingeführt, die noch heute gelehrt wird. Der Teil der Gabelsbergerstraße von der Kirch- bis zur Kapellenstraße wurde dabei zur Händelstraße.

Udetstraße: Ernst Udet (geb. Frankfurt a. M. 1896) war mit 62 Abschüssen einer der erfolgreichsten Jagdflieger des Ersten Weltkriegs. Danach war er im Flugzeugbau tätig und präsentierte sich als Kunstflieger. 1936 wurde er Chef des technischen Amtes des Luftfahrtministeriums und 1938 Generalluftzeugmeister der deutschen Luftwaffe. Von Hitler und Göring für die Krise der deutschen Luftwaffe und Fehlentscheidungen in der Flugzeugproduktion verantwortlich gemacht, beging er Selbstmord. Carl Zuckmayer hat seinem Freund Udet in seinem Schauspiel *Des Teufels General* ein Denkmal gesetzt.

13.4 Heilige

Achatiusweg: Achatius ist einer der vierzehn Nothelfer (Namenstag 14.6.).

Annastraße: Anna war die Mutter Marias und Großmutter von Jesus Christus (Namenstag 26. Juli), Patronin der Mütter, Bergleute, Kaufleute. In der Kunst werden häufig Großmutter Anna, Mutter Maria und das Jesuskind als Einheit, als „Anna selbdritt" dargestellt. Neben der Anna- gibt es in Gonsenheim auch die Marienstraße.

Canisiusstraße: Petrus Canisius, eigentlich Pieter Kanijs, 1521 in Nimwegen geboren, trat 1543 in Mainz in den gerade gegründeten Jesuitenorden ein. Er war kirchenpolitischer Vertreter bei Reichstagen und besonders als Seelsorger und im Unterrichten aktiv in Ingolstadt, Wien, Augsburg und Innsbruck. Bedeutsam sind seine drei Katechismen für Geistliche, Lateinschulen und das Volk. 1864 wurde Canisius selig, 1925 heiliggesprochen und zum Kirchenlehrer erhoben (Namenstag: 27.4.).

Dionysiusstraße: Dionysios von Paris ist französischer National-Heiliger und einer der vierzehn Nothelfer (Namenstag 9.10.).

Katharinenstraße: Katharina ist eine der vierzehn Nothelfer (Namenstag 25.11.). Da sie 50 heidnische Philosophen bekehrt haben soll, wurde sie zur Schutzpatronin der christlichen Wissenschaft. Sie wird dargestellt mit einer Krone, in der Hand ein Schwert oder ein Buch und eine Palme und zu ihren Füßen das zerbrochene Rad, mit dem sie gemartert worden sein soll.

Marienstraße: Maria war die Mutter Jesu, die „Mutter Gottes" (Angaben über sie in der Bibel: Matthäus 1,18; Markus 3,31 u. 6, 3; Lukas 1, 27).

Die **Martinus**-Grundschule: Ursprünglich gab es im neuen Bundesland Rheinland-Pfalz Simultanschulen, doch konnten Konfessionsschulen eingerichtet werden, was Mitte der 50er Jahre in der Volksschule Gonsenheim auch geschah. Seit dem Schulgesetz von 1974 in der Ära des Ministerpräsidenten Kohl gab es nur noch „christliche Gemeinschaftsschulen". Doch das Privatschulgesetz erlaubte die Schaffung von Schulen in freier Trägerschaft, was die Katholische Kirche zur Eröffnung der „Martinus-Grundschulen" nutzte.

An der **Nonnenwiese** (früher Mühlweg): Erinnert an die Nonnen des Dalheimer Klosters vor Zahlbach, die in Gonsenheim – wie viele andere Klöster und Stifte auch – Besitz hatten, hier im Dreieck zwischen der nach ihnen benannten Straße und der Mainzer Straße (GJ 1, S. 20 u. 2, S. 35).

Vierzehn-**Nothelfer**-Straße: Achatius 22.6., Ägidius 1.9., Barbara 4.12., Blasius 3.2., Christophorus 25.7., Cyriacus 8.8., Dionysius 9.10., Erasmus 2.6., Eustachius 20.9., Georg 23.4., Katharina 25.11., Margareta 20.7., Pantaleon 27.7., Vitus 15.6.

13.5 Flurnamen, geographische und alle anderen Bezeichnungen

Abkürzungen: ahd. = althochdeutsch, dt. = deutsch, lat. = lateinisch, md. = mitteldeutsch, mdl. = mundartlich, mhd. = mittelhochdeutsch, nhd. = neuhochdeutsch

Worterklärungen nach Heuser und Kluge

Angelrechweg: Angel ist eine Nebenform von Anger = Grasland, Rech = grasbewachsener Abhang, auch rechen = harken, also bearbeitetes Feld (Heuser 33). Die Wortbedeutung passt zur Umgebung des Weges am leicht ansteigenden Hang zum Münchfeld hoch, unterhalb der Eisenbahnlinie.

Attach: In der Flur Attach befinden sich unterirdische Reste der römischen Wasserleitung, nur durch Luftbildfotos sichtbar gemacht, abgeleitet aus dem lateinischen „aquae ductus", dt. Aquädukt = geführtes Wasser, eine unterirdisch oder auf Pfeilern errichtete, abgedeckte Wasserrinne vom Finther Quellgebiet auf Brücken über das Gonsbachtal – ähnlich der heutigen Autobahnbrücke – und über das Zahlbachtal in das Römerlager (Kästrich) im Gebiet der heutigen Universitätsklinik. Überreste der Pfeiler dieser Brücke sind heute noch als „Römersteine" sichtbar. Durch die Flurnamen Wasserrost, An der Wasserrolle, In, Hinter und Neben der Attach lässt sich der Verlauf der römischen Wasserleitung durch die Gonsenheimer Gemarkung verfolgen.

Backesgaade: Garten oder Feld am Backhaus, ursprünglich mhd. nur -hus wird am Wortende zu -es verkürzt. Die Gemeinde Gonsenheim verpachtete das gemeindeeigene Backhaus an Bäcker, es wurde also nicht – wie heute noch in ländlichen Gegenden üblich – unter Gonsenheimerinnen verlost. Diese konnten ihre Brote und Kuchen zum Backen dem Bäcker abgeben. Die Jahreszahl ist noch heute über dem Eingang zum Backhaus im Backesgaade zu sehen.

Am **Bornwald**: Born deutet auf das Vorhandensein eines Brunnens oder einer Quelle im Waldgebiet hin.

Breite Straße: Erst mit der Errichtung des Mittelbaus der Maler-Becker-Schule 1882 und der Fertigstellung der Häuser in der Schulstraße begann der Ausbau der zuerst Waldstraße genannten heutigen Gonsenheimer Einkaufsmeile. Für die Verlegung der Schienen für die Dampfbahn 1892 und der elektrischen Straßenbahn 1907 wurde die Straße befestigt. Die wachsende Zahl der stattlichen Schulgebäude und die bürgerlichen Kleinvillen zusammen mit den ähnlich historistisch verzierten Gemeindehäusern wie Post und Apotheke ließen ein stadtähnliches Bild entstehen, so dass die Umbenennung der neben der Hauptstraße (heute Mainzer Straße) zweiten Gonsenheimer Achse in Kaiserstraße gerechtfertigt schien. Nach der erneuten Umbenennung in Straße der SA wurde nach dem Zweiten Weltkrieg für Gonsenheims Vorzeigemeile der neutrale Begriff Breite Straße gewählt.

An der **Bruchspitze**: Bruch steht für ein sumpfiges Gelände zwischen Gonsenheim und Mombach. Spitze deutet die Form des Grundstücks an, meistens in einer Weggabelung. Der Bruchweg führte zu einem Bruch.

Butterbergreul: Reil oder Reul ist ein schmaler Durchgang zwischen zwei Häusern. Feuer-Reil z. B. deutet darauf hin, dass die beiden Häuser nicht aneinander gebaut werden durften, damit Feuer nicht leicht überspringen konnten. Wahrscheinlich stammt das Wort vom französischen ruelle = kleines Gässchen.

An der **Dreispitz**: ein wie ein Dreieck aussehendes Feld.

Ellenbogenstraße: Häufig werden Straßen und Felder (Bruchspitze, Dreispitz s.o.) nach ihrer Form benannt, das trifft auch auf die winklige Ellenbogenstraße zu.

An der **Fahrt**: ahd. mhd. vart, Grundbedeutung ist die Bewegung, vgl. auch Himmelfahrt, Wallfahrt, bezieht sich häufig auf eine Zufahrt zu einem Grundstück.

An der **Feilkirsch**: Feilkirsch ist eine Erhebung an der Gemarkungsgrenze zu Finthen, an der Autobahnbrücke. Das Grundwort Kirsch entstammt dem hier betriebenen Obstanbau, vorrangig Kirschen im Gonsenheimer Sandgebiet (Ludwig 1844). Mögliche Erklärungen von "Feil": 1) von ahd. feili = verkäuflich, heute noch, aber veraltet: wohlfeil, feilbieten, feilschen. Das passt zum Verkauf von Kirschen. 2) Für mich weniger wahrscheinlich (nach Heuser 86): von ahd. gefildi = Gefilde, Gesamtheit der Felder, wobei der Konsonant am Ende und die unbetonte Vorsilbe ge- verschwanden, mundartlich der Einfachheit halber verschluckt wurden, der Vokal „i" zum Doppelvokal (Diphthong) „ei" wurde.

An der **Finnensiedlung**: Die Holzhaussiedlung auf der Südseite der Straße An der Bruchspitze zwischen den Haltestellen Hugo-Eckener-Straße und Bruchspitze entstand während und nach dem Zweiten Weltkrieg für Bombengeschädigte. Die Holzhäuser wurden 1942 für den finnischen Eigenbedarf entwickelt und ab 1944 in Gonsenheim aufgebaut. Grund und Transportweg sind nicht endgültig geklärt. Der ehemalige Bewohner eines solchen Hauses, Dipl.-Ing. Wilfried Nitze, gibt zwei Möglichkeiten an: 1) Im Jahre 1942, als Deutschland und Finnland gegen die Sowjetunion Krieg führten, habe das „Idol und Gründer des finnischen Staates (1917) Karl Gustav von Mannerheim eine Schenkung an das Großdeutsche Reich übergeben. Diese ‚Stiftung' bestand aus mindestens 200 Holzhäusern." 2) In Norwegen sei ein deutsches U-Boot verschwunden. Um deutschen Ersatzansprüchen zuvor zu kommen, habe Norwegen, um die Aktion geheim zu halten, über Finnland Holzhäuser geliefert. Somit wäre Finnland nur der „Abwickler", nicht der Spender gewesen.

Alte **Finther** Straße: Auf der Finther Straße, die ehemalige römische Steinerne Straße, später Alte Finther Straße geht es nach Finthen; s. u. Am Sägewerk. Etwa bei der Höhenlinie 150 wurde ein römischer Weihestein gefunden.

Am Alten **Flugplatz**: Auf dem Großen Sand, vom heutigen Wohngebiet Krongarten bis hinunter zu den Gonsbachterrassen, hielt Kaiser Wilhelm II. jedes Jahr im August, von der Kur in Wiesbaden kommend, ein großes Manöver mit bis zu 6 000 Soldaten zusammen mit dem hessendarmstädtischen Großherzog und Landesvater ab. Mit dem Aufkommen der Fliegerei und der Luftschifffahrt wurde das riesige Areal auch als Flughafengelände genutzt. Das rheinhessische Dorf Gonsenheim bekam eine

GRUSS von der KAISER-PARADE
Zur Erinnerung an die grosse Truppenschau
auf dem grossen Sande bei Mainz, durch
Sr. Maj. Kaiser Wilhelm II.

neue Attraktion und Zuschauermagneten. Von den Tribünen im Bereich der heutigen Weserstraße konnten die Schaulustigen, nach Entrichtung eines Eintrittsgeldes, das Manöver oder die Flugschauen beobachten. Das Betreten des Feldes war natürlich aus Sicherheitsgründen verboten. „In Gunsenum wird geflooche!" wurde ein geflügeltes Wort. Die Luftschiffe über Mainz hatten der Flugbegeisterung den Boden bereitet. Manchmal landeten die Zeppeline, geflogen u. a. von Hugo Eckener, auch in Gonsenheim. Hier war auch das Etappenziel des nationalen Flugsports bei Mehrtages-Wettbewerben. Nach den vielen staubigen Ereignissen musste der Sand in den Gonsenheimer Gaststätten herunter gespült werden. 1909 gründete der Gonsenheimer Flugpionier Jacob Goedecker (s. o.) das sechste deutsche Flugzeugwerk. Er eröffnete 1911 eine Flugschule, deren erster Schüler und auch Fluglehrer der später weltberühmte Holländer Anthony Fokker war. Flugschüler aus dem In- und Ausland wurden hier ausgebildet. Auch der am 11. Mai 1911 gegründete Verein für Flugwesen Mainz verdankte letztlich seine Existenz den fliegerischen Aktivitäten auf dem Großen Sand. Während der französischen Besatzungszeit nach dem Ersten Weltkrieg war Fliegen auf dem linken Rheinufer verboten. Später gab es Segelfliegen.

Am **Forsthaus**: Das Forsthaus stand ursprünglich etwa an der Stelle, wo heute vor Schloss Waldthausen die Straße nach Finthen abbiegt. Förster Stoll betrieb dort eine beliebte Wirtschaft. Weil die Gäste mit Feldstechern in das 1910 eröffnete Schloss hineinsehen konnten, ließ der Baron zuerst einen Bretterzaun errichten, und als das nichts half, das Forsthaus abreißen. Es wurde an der Wendelinuskapelle auf ein zusätzlich gemauertes Erdgeschoss originalgetreu wieder aufgebaut. Nachdem es noch jahrelang als Forsthaus diente, erwarb es die Diözese Mainz als Heim der katholischen Jugend. Ein neues Forsthaus wurde in der Straße Am Forsthaus errichtet (Aussage von Herrn Kesberg). Förster Dorschel wohnt heute im Forsthaus unterhalb von Schloss Waldthausen.

An den **Fuchslöchern**: Auf Karten von 1912 ist ein solches Waldgebiet mit diesem Namen eingezeichnet. Auch Carl Zuckmayer schrieb in seiner Autobiographie *Als wär's ein Stück von mir* über das Spielen und Weitergraben in solchen verlassenen Höhlen.

Am **Geisköpfel**: Das Grundwort Kopf bedeutet erhöhte Stelle, bei Köpfel ist nur die Verkleinerungssilbe angehängt. Aber auch eine leichte Erhebung kann man in diesem Straßenverlauf zwischen Jahn- und Kirchstraße nicht erkennen. Vielleicht ist eine solche Erhebung – z. B. eine Art Sanddüne – zwischenzeitlich eingeebnet worden. Geis deutet auf eine Weide für Ziegen, kann sich aber auch auf ein Gewässer beziehen, weil der Diphthong in Geis oft zu gis oder gys (vgl. gießen) vereinfacht wurde (Heuser 99-101).

Gleisbergweg: Der Gleisberg ist benannt nach dem mittelhochdeutschen Wort glizen (starkes Verb) = glänzen, leuchten, gleißen, weil der Sand auf der Höhe schon von weitem glänzte und glitzerte. Der Gleisberg war also vor der Bebauung durch seinen Sandbelag der gleißende, der glänzende Berg und hat nichts mit Bahngleisen zu tun.

Die **Graben**straße war ursprünglich ein künstlich angelegter d. h. gegrabener Grabenbach, der das Dorf Gonsenheim etwa von der Quelle unterhalb des heutigen Juxplatzes bis zum Restaurant „Gonsenheimer Hof" umschloss. Anfang des 19. Jahrhunderts wurde er kanalisiert und eine Straße darüber errichtet, sodass sich das alte Straßendorf den Berg hinauf nach Norden ausdehnen konnte.

Der Name **Grasweg** weist auf eine Verbindung zwischen Bretzenheim, Gonsenheim und Mombach seit Römerzeiten hin, denn außer der leicht gewölbten und stark befestigten Straßendecke für den rollenden Verkehr gab es auch einen grasbewachsenen Seitenweg für Fußmärsche. Ein Teilstück einer solchen Römerstraße mit einer seitlichen Sommerstraße und Grabdenkmälern wurde von der Archäologischen Denkmalpflege im Gelände der DAL in der Wilhelm-Theodor-Römheld-Straße vor Weisenau sehr anschaulich wieder hergerichtet.

Am **Haag**: Hag oder haag bedeutet Umzäunung, deshalb ist das umzäunte Land oder Waldstück ein Gehege, die Umzäunung war meist aus Dornensträuchern, vgl. Hagebutte und Hagedorn für Weißdorn.

Am **Hemel**: Hemel ist eine Verkleinerungsform von hem, bedeutet 1) kleines Haus oder Heim, das von einem (umzäunten) Stück Land umgeben ist, oder 2) von mhd. Himel = Himmel abgeleitet „frei- und hochliegende Flurfläche, Berg, auch gute Lage" (Heuser 121 u. 123). Beide Bedeutungen können hier zutreffen. In der Nähe der Grabdenkmäler darf man auch Siedlungen erwarten. Dass Hemel auch auf einen Schindanger hinweisen könnte – der Galgen stand immer auf der höchsten Stelle (Galgenberg) – lässt sich nicht belegen.

Herrnweg bezieht sich auf geistliche oder weltliche Grundherrn. Die Hälfte der Gemarkung war im Besitz von Klöstern und geistlichen Einrichtungen. Gonsenheimer bewirtschafteten deren Felder.

Karlsbader Straße: Karlsbad (tschechisch: Karlovy Vary) ist eine Stadt und Kurort in der Tschechischen Republik. Sie gehörte einst zum österreichischen Kaiserreich. Hier wurden auch 1819 die Karlsbader Beschlüsse ausgehandelt, die der Unterdrückung liberaler und nationaler Bestrebungen dienten und Mainz eine Zensurbehörde bescherten. Warum wurde gerade vom Mainzer Stadtrat – noch in der Zeit des Ost-West-Konfliktes – eine solche Straßenbenennung für Gonsenheim bestimmt? Weil die Stadt im Sudetenland lag? Eine Städtepartnerschaft wurde nie angestrebt. Die neue Bezeichnung Karlsbader Höhe als oberer Abschluss der Gonsbachterrassen ist nun heutzutage wahrlich ganz ohne Sinn oder irgendeinen Bezug, um es galant auszudrücken.

Kehlweg: Kehl ist eine Rinne, Vertiefung, wie bei Kniekehle, Kehlkopf, kehlen = rinnenförmig aushöhlen. Es könnte sich also um eine Wasserrinne oder einen Bach, einen Hohlweg oder eine tiefer gelegene Wiese handeln.

An den **Kiefern**: Die Kiefer als Flachwurzler ist die Hauptbaumart in sandigen Gebieten.

Klosterstraße: Ein Kloster befand sich nie in Gonsenheim. Die Hälfte der Gemarkung war allerdings durch Schenkungen an Klöster und geistliche Einrichtungen gelangt. In der Klosterstraße 23 – heute ein Stützpunkt des Deutschen Roten Kreuzes (DRK) – befand sich seit 1869 eine „Kleinkinderbewahranstalt", heute würde man Kindergarten sagen. Die Eheleute Jakob Werum II und Ehefrau Katharina hatten ihr Haus ihrer Tochter überschrieben, die der Genossenschaft der Schwestern von der göttlichen Vorsehung in Finthen als „Schwester Stefanie" angehörte. Daher ging das Anwesen als Stiftung an den Orden, der hier diesen Kindergarten einrichtete. Die Gonsenheimer nannten deshalb die Straße von da an Klosterstraße.

An der **Krimm**: Hier war ursprünglich ein krummer Waldweg bzw. eine Straßenbiegung (auch Krümme). Vielleicht hat der Krimkrieg (1853-1856) bei der Schreibweise einen Einfluss gehabt, denn auch in Mainz stationierte Österreicher nahmen daran teil. Noch heute gibt es in Mainz das Fort Malakoff, benannt nach der gleichnamigen Festung, deren Erstürmung den Krimkrieg entschied (s. Gaststätten).

Am **Leichborn**/Leichbornweg: Ursprünglich Laichborn geschrieben, Born bezeichnet eine natürlich sprudelnde Quelle, Laich verweist auf Fischlaich in dem anschließenden Wasserlauf.

Lennebergplatz, Lennebergstraße: Der nahegelegene Lenneberg hat seinen Namen von der Berglehne, einem Abhang zum Tal, hier dem Rheintal, meist mit Wald bewachsen (ahd. lina – nhd. Lehne, lehnen). Das Oestricher Lenchen ist kein hübsches Rheingauer Mädchen, sondern eine Weinbergslage an einer zum Pfingstbach geneigten Berg-Lehne. In Westfalen gibt es ein Lennegebirge. Die Lehne ist die Stütze eines Sessels für Arme und Rücken. – Zur Linderung der Wohnungsnot nach dem Ersten Weltkrieg wurde vom Reichsvermögensamt zwischen 1921-1924 das großzügig angelegte Viertel „Klein-Frankreich" zwischen Lennebergplatz und Theodor-Körner-Straße auf dem Reißbrett entworfen. Mit der Gesamtgestaltung wurde städtebaulich an das Waldvillenviertel angeschlossen. 250 Offiziers- und Unteroffiziersfamilien mit etwa 1 250 Personen wohnten hier, die Mannschaften mit ca. 1 500 Soldaten in der alten Kaserne. Die beschlagnahmten Wohnungen und Häuser in Gonsenheim wurden dann größtenteils zurückgegeben. Nach dem Ende der Besatzungszeit 1930 zogen deutsche Familien ein. Doch die französische Besatzungsmacht kehrte nach dem Zweiten Weltkrieg zurück.

Mainzer Straße: Die einstige Durchgangsstraße des Straßendorfs zwischen zwei Torhäusern, genannt die „lang Gass", später Hauptstraße, aber auch Adolf-Hitler-Straße, heute Mainzer Straße, mit der Verlängerung Geißengass, heute Klosterstraße.

Vier**morgen**weg, Zwanzig-**Morgen**-Weg: Der Morgen ist ein Flächenmaß für Äcker, ursprünglich die Fläche, die ein Mann an einem Morgen umpflügen konnte (vgl. Tagwerk). Im Großherzogtum Hessen-Darmstadt betrug 1 Morgen 400 Quadratklafter = 2 500 m^2 = 25 ar = ¼ ha (Hektar). Der Name für eine solche Flur kann sich auch auf herrschaftliches Eigentum beziehen, weil nur Grundherrn solche großen Flächen besaßen (vgl. Herrnweg, in Bretzenheim Domherrenweg Zehn Morgen).

Im **Münchfeld**: Münch – mhd. münch, erhalten bei München = bei den Mönchen, md. Mönch, daher nhd. Mönch – weist auf Klosterbesitz hin.

Nerotalstraße: Als die Straße diesen Namen erhielt, war der Blick zum Wiesbadener Neroberg noch möglich. Ebenso ist Rheingauer Straße zu erklären.

Am **Müllerwäldchen**: Das Müllerwäldchen reichte von der heutigen Straße bis zum Gonsbachtal und bis nach Mombach. Im 19. Jahrhundert begann die Abholzung, wobei vorgeschichtliche Funde – auch Hügelgräber – gefunden, aber größtenteils zerstört wurden. Der Name Müller kann zweifachen Ursprung haben: 1) Es ist ein Personen- oder Berufsname und bezieht sich auf die Müller der Gonsbach-Mühlen. Das Einkommen durch ihren eigentlichen Beruf brachte nicht genügend ein, sodass sie auf dem zu den Mühlen gehörenden Feldern und Waldungen noch Land- und Holzwirtschaft betreiben mussten. 2) Müller könnte sich auch auf das hier vorhandene Wäldchen auf lockerer, mit Sand vermischter Erde beziehen, denn mullen ist eine alte Bezeichnung, die wir von mulchen (= mit Mulch bedecken, Mulch = Schicht aus zerkleinerten Pflanzen, Torf oder ähnlichem auf dem Acker- oder Gartenboden) kennen.

Im **Niedergarten**: tief (niedrig, nach unten) gelegene Gartenbauanlage.

An der **Oberbrücke**: mhd. ober, oben, nach oben.

Zur **Oberlache**: s. oben, lache = mhd. lache für Lache, Pfütze, Weiher, stehendes Wasser auf einer Wiese.

An der **Ochsenwiese**: Ochsenweide.

Ölwiesenstraße (mundartlich: Ehlwies): Der 1912 gegründete närrische Sparverein Ölwiesbrüder heißt in der Ortssprache Ehlwiesbrieder, erste urkundliche Erwähnung 1609 „In der Eyle wiesen".

Die Flur Ölwiese war ursprünglich eine Wiese. Auf dem feuchten Boden wuchs Gras, das zur Heugewinnung diente und, sobald es abgeerntet war, als Weide weitergenutzt wurde. Hier gab es früher auch Wasserlöcher – Kinkel in Gonsenheimer Mundart – aus denen das Gießwasser geschöpft wurde. Durch Trockenlegen mit dem reichlich vorhandenen Flugsand und Verbesserung mit fruchtbarer, humusreicher Erde sowie Dünger und Mist wurde ein fruchtbares Pflanzfeld geschaffen, auf dem Gonsenheimer Gemüse wachsen konnte.

Die unterschiedlichen Schreibweisen Ehl, ol, öle können nur Öl meinen. Die Eintragung „kirchenzinß" kann bedeuten, dass die Pacht an die Pfarrkirche St. Stephan abgeliefert wurde, die dafür das Öl für die Beleuchtung der Kirche und das Ewige Licht bezahlte.

Es wurden auf dieser Flur auch Ölfrüchte angebaut, wie Gemeinde-Einnehmer Ludwig 1843 berichtete, die in der einzigen Ölmühle im Gonsbachtal verarbeitet wurden, der Untere(n) Aumühle, nach der Privatisierung auch Kriegers- oder Schäfers-Mühle genannt, heute im Besitz der Künstlerfamilie Graffé (ausführlich GJ 5, S. 106-109).

Oranienstraße: Am 1. Juli 1895 zog in die neuerbaute Gonsenheimer Kaserne das Königlich Preußische 1. Nassauische Feldartillerie-Regiment No. 27 Oranien ein. Der berühmteste Rekrut war 1914 Carl Zuckmayer. Die kurze Zeit in Gonsenheim muss ihm gefallen haben. In seinem Schauspiel *Der Hauptmann von Köpenick* lässt er den Titelhelden fragen: „Haben Sie gedient?", worauf der Kämmerer des Berliner Stadtteils Rosencrantz zackig antwortet: „Jawohl, Herr Hauptmann! Leutnant der Reserve im ersten nassauischen Feldartillerie-Regiment Nummer siebenundzwanzig Oranien."

Die meisten Soldaten kamen aus dem ehemaligen Herzogtum Nassau mit der Hauptstadt Wiesbaden, das durch den preußischen Sieg gegen Österreich 1866 an Preußen kam. Das südfranzösische Fürstentum Orange, deutsch Oranien, kam Ende des Mittelalters durch Heirat an Nassau, 1544 an Wilhelm I. von Nassau-Dillenburg, den späteren Statthalter der Niederlande. Er begründete die ältere Linie Nassau-Oranien, die 1702 mit Wilhelm III. erlosch. Obwohl der preußische König Oranien beanspruchte, fiel es 1713 an Frankreich. Dennoch führten die jüngere Linie Nassau-Oranien und der König von Preußen den Tittel eines Fürsten von Oranien weiter. Der „leere Titel" von Oranien kam dann in den Namen des in Gonsenheim stationierten Regiments und in den Namen der Straße, die an der Kaserne entlanglief, „Schall ohne Rauch".

Am **Palmen**, Palmenstraße/-weg: Im Bereich Im Palmen wurden Siedlungsgruben aus der Bronzezeit festgestellt. Der Begriff kann zweifach erklärt werden. 1) In der Zeit der Römer und Franken wurde hier schon Gartenbau betrieben. Der aus dem Lateinischen entlehnte Begriff bedeutet nicht Palme(n) im eigentlichen Sinne, sondern Pflanzen und Baumarten aus Südeuropa (Steitz). 2) Es ist hier nicht direkt der Palmbaum gemeint, sondern wildwachsender Buchsbaum, dessen Zweige am Palmsonntag geweiht werden (Heuser 198).

Panzerstraße ist keine heutige Straßenbezeichnung, sondern ein eingebürgerter Name für die 1953 gebaute, ursprünglich mit einem Kiesbetonbelag versehene Straßenverbindung, um den schweren, in der Kathenkaserne (Lee Barracks) stationierten Panzern eine sichere Fahrt zur Verladerampe am Gonsenheimer Bahnhof und zum Übungsgebiet auf dem heutigen Lerchenberg zu ermöglichen. Der Streckenverlauf war Weserstraße (Betonbelag noch erkennbar.) – Koblenzer Straße – Am Leichborn – An der Ochsenwiese – Zwanzig-Morgen-Weg – Landstraße L 427 an Drais vorbei zum Lerchenberg.

Pfarrstraße: An dieser Straße lag schon immer die Pfarrkirche (Ersterwähnung 1401) und das Pfarrhaus (Ersterwähnung: Bauakten des Schulhauses von 1779).

An der **Prall**: Aus Pradel = kleine Wiese (romanisch pradell aus lat. pratellum) entstanden durch Wegfall des „d" zwischen zwei Vokalen.

An den **Reben**: Auf dem Südhang des Gleisbergs wuchsen früher Reben. Wenn Carl Zuckmayer seinen Klassenkameraden Johann Becker im gleichnamigen Lokal „Johann Becker XXXIX" (heute „Gonsenheimer Hof") besuchte, trank er Gonsenheimer Wein.

An der Alten **Reithalle**: Auf dem Gelände der 1895 gebauten Artilleriekaserne wurden Pferde gehalten, da die Geschütze damals von Pferden gezogen wurden. Die dazu gehörigen Remisen waren im langen Trakt an der Gerhart-Hauptmann-Straße. Auch Reitsport wurde in Gonsenheim getrieben, der Reit- und Fahrverein allerdings erst 1929 gegründet. Die

Reithalle wurde bis vor einigen Jahren von einer Polizei-Reitstaffel genutzt.

Am **Sägewerk**: Die Straße Am Sägewerk – früher auch Steinerne Straße bzw. Alter Finther Weg genannt – war ein Teilstück der Ost-West-Route, auf der schon vorgeschichtliche Händler ihre Ware transportierten. In Römerzeiten schuf sie eine schnelle Verbindung zwischen der Provinzhauptstadt Mogontiacum über Finthen, Ingelheim nach Bingen (Bingium). Steinerne Straße ist ein häufig benutzter Name für einen befestigten Weg aus der Römerzeit. Auf ihr ritt Karl der Große zu seiner Pfalz nach Ingelheim und auch Napoleon ließ die Straße erneuern. Sie wurde gekreuzt vom Grasweg (s.o.), einer von Bretzenheim über Gonsenheim nach Mombach führenden Nord-Süd-Verkehrslinie. In der Straße Am Sägewerk befindet sich heute die Holzhandlung Barbara, die aus einer Wagnerei hervorging.

Am **Sandbruch**: Um Gonsenheim herum gab es Sandsteinbrüche im Bereich der heutigen Autobahn. Maler Ferdinand Becker musste in seiner Jugend im Familienbetrieb arbeiten.

Sandmühlweg: Sand bedeutet Sand oder sandiges Gelände, „mühl" kann nur auf Mühle weisen.

Sandmüllerweg: Sand s.o., Müller ist Personen- oder Berufsname.

Schmiedegasse: Die Schmiede (Ecke Backesgaade/Mainzer Straße) war im Besitz der Gemeinde und wurde verpachtet.

An **Schneiders Mühle**: Nach der Privatisierung der Mühlen während der französischen Besatzungszeit (1797-1814) erhielten die Mühlen den Namen des jeweiligen Besitzers, der häufig wechselte.

Schulstraße: Weil die Gemeindeschule von 1779 – der Anbau an das Rathaus – viel zu klein geworden war, wurde in vier Bauabschnitten 1882, 1895, 1907, 1930 der heutige Maler-Becker-Schulkomplex errichtet.

Waldstraße: Erst nach dem Zweiten Weltkrieg erhielt die Straße diesen Namen, statt den einer NS-Größe. Waldstraße hieß ursprünglich die Breite Straße, bis sie noch im 19. Jahrhundert in Kaiserstraße umbenannt wurde.

Die **Waschbach**quelle speist einen Feuchtbiotop, eine 1 340 qm große Wasserfläche. Noch 1984 hoffte man (AZ v. 21.9.1984), dass einmal größere Wassermengen dem Gonsbach zufließen würden. Das ist wohl Illusion geblieben. Früher nahm der Waschbach auf seinem Weg zum Gonsbach auch das Wasser des Leichbornbaches auf.

14.1 Das Rathaus

Das schönste Mainzer Rathaus steht in Gonsenheim. Der stattliche Renaissancebau am Ende der Mainzer Straße bildet zusammen mit dem zweitürmigen Rheinhessendom und den benachbarten Gasthäusern ein städtebaulich hervorragendes Ensemble. Kurfürst Georg Friedrich von Greiffenklau (1626-1629) hat nicht nur mit dem Bau des kurfürstlichen Schlosses in Mainz begonnen, sondern vorher als Mainzer Dompropst und damit Gonsenheimer Ortsherr auch das Gonsenheimer Rathaus im Jahre 1615 errichten lassen. Die Inschrift auf dem Erker mit dem Wappenrelief des hohen Herrn beweist es. Die Gonsenheimer können also das 400-jährige Jubiläum ihrer „guten Stube" 2015 feiern. Der damalige Gonsenheimer Schultheiß Jacob Ludwig hat auch einen Teil zu den Baukosten beigetragen und durfte sich deshalb am Fuße des Erkers verewigen. Die Inschrift lautet:

Das Gonsenheimer Renaissance-Rathaus von 1615 geschmückt für die Fronleichnamsprozession.

MIT VLEIS HAT BETRACHT, WIE DIES/
RATHAUS DER GMEIN WOL GEMACHT/
JACOB LUDWIGH SCHULTEIS/
ALHIER ZU GONSENHEIM/
1615 J L

Die Gonsenheimer waren demnach schon immer fleißige (VLEIS) Leute, sonst wäre ihr Ort nicht zum schönsten Stadtteil von Mainz geworden.

Der zweigeschossige Steinbau mit seiner Zierfassade ist hell verputzt, wozu die roten Sandsteinverzierungen wie Fensterrahmen, Eckquader und die Zierobelisken am Giebel kontrastieren, also in Rot und Weiß, den Mainzer Farben. Manchmal weht auch die rote Gonsenheimer Fahne mit dem Gänsefuß als Ortswappen vom Fahnenmast auf dem Dach.

Im Erdgeschoss war ursprünglich eine offene Halle, in der das Ortsgericht tagte und Verkaufsstände untergebracht waren. Da der Raum später geschlossen wurde, erscheint die Außenfassade im Renaissancestil, der Saal mit zwei Mittelsäulen und einer Stuckdecke im späteren Barock. Die meisten kulturellen Veranstaltungen finden hier statt, die traditionelle Krippenausstellung, Konzerte, Kunstausstellungen und die Vorträge des Geschichtsvereins. Die „gutt Stubb" ist so attraktiv, dass Aussteller von weither Anträge stellen und deshalb der Saal für Jahre im Voraus ausgebucht ist. Auf der Seite der Klosterstraße befindet sich ein achtseitiger Treppenturm, in dem früher Schülerinnen zu den Räumen im ersten Stock eilten. An das Rathaus angebaut ist – mit der Jahreszahl 1779 – das ehemalige Schulgebäude. Einen Vorgängerbau hat es schon im 17. Jahrhundert gegeben, sodass Gonsenheimer schon vor den Zeiten des Dreißigjährigen Krieges die Kulturtechniken des Lesens, Schreibens und Singens lernen konnten. Kann man sich heute vorstellen, dass im Rathaus mit dem Schulanbau während der Bevölkerungsexplosion im 19. Jahrhundert über 500 Schüler in 5 Klassen unterrichtet wurden? Der Bürgermeister musste deshalb seine Amtsgeschäfte im eigenen Haus erledigen.

Vor dem Rathaus wird jedes Jahr ein riesiger beleuchteter Weihnachtsbaum aufgestellt, an Fastnacht werden die Rekruten vereidigt, zu Ostern wird der Brunnen mit einer Krone aus bunten Eiern geschmückt und der Vorplatz zur Fronleichnamsprozession mit reichem Blumendekor verziert. Das beweist, dass das Rathaus, in dem die Ortsverwaltung untergebracht ist und sich das kulturelle Leben abspielt, Mittelpunkt des Gonsenheimer Lebens darstellt. Die Ortsvorsteherin hat ihre Amtsräume in der Erkerstube im 1. Stock, bei ihren Mitarbeiterinnen können sich die Bürger alle möglichen Ausweise besorgen. Der Ortsbeirat tagt im Gonsenheimer Zimmer und im Barocksaal. Seit wenigen Jahren kann auch im entsprechenden Ambiente geheiratet werden.

14.2 Das Gonsenheimer „Volkshaus", jetzt Gesundheitszentrum

Das mächtige Gebäude an der Ecke Kapellenstraße/Breite Straße, das wir gemeinhin „Volkshaus" nennen, wurde als Offizierskasino für die französischen Besatzungsoffiziere nach dem Ersten Weltkrieg zwischen 1921 und 1924 gebaut, gleichzeitig mit den Siedlungshäusern zwischen Lennebergplatz und Theodor-Körner-Straße für die französischen Offiziersfamilien. Erst 1930 zogen die Franzosen ab (sog. Rheinlandbefreiung). Da das leerstehende Offizierskasino für den Schulunterricht laut Gutachten ungeeignet war, wurde der Anbau der Maler-Becker-Schule – zur Breiten Straße hin – errichtet. Das Offizierskasino konnte nun für Verwaltungszwecke genutzt werden. Auch NS-Dienststellen waren hier untergebracht. 1937 musste die Wendeschleife Kapellenstraße entfernt werden, weil sich eine

NS-Parteigröße im nahen „Braunen Haus", wie das „Volkshaus" zeitweilig auch hieß – durch das Quietschen belästigt fühlte.

Während der erneuten Besatzungszeit nach dem Zweiten Weltkrieg forderten die Franzosen den Umbau des Gebäudes in ein modernes Hotel, das am 15. Juli 1949 fertiggestellt war. Doch zu diesem Zeitpunkt war schon das Bonner Grundgesetz geschaffen worden und die Westdeutschen bereiteten sich auf die Gründung der Bundesrepublik vor. Weitere Tatsachen können nur erforscht werden im Bundesarchiv Abtl. Militärarchiv in Freiburg i. Br., im Bundesarchiv Abtl. R in Finckensteinallee 63, 12205 Berlin und über die französischen Streitkräfte im Armeearchiv in Vincennes.

14.3 Kirchen und Kapellen:

Auf einer Verkehrsinsel gelegen, um die sich Straße und Straßenbahn herum winden müssen, bildet die **Evangelische Kirche** den erhöhten Abschluss und den Blickfang der Breiten Straße und prägt seit 1903 auch durch den hohen Turm mit Kreuzabschluss das gesamte Ortsbild. Diese städtebaulich so hervorgehobene Lage macht das Gotteshaus so sehr beliebt als Traukirche. Die drei Chorfenster des Darmstädter Glasmalers Max Lüder von 1952 – gestiftet vom Fabrikanten Hans Klenk – wiederholen die Lebensstufen des Heilands: Geburt, Kreuzigung und Auferstehung. 50 Jahre danach hat Sohn Dieter Klenk sechs Fenster des bedeutenden Glaskünstlers Johannes

Die evangelische Kirche.

Schreiter in den Seitenrundungen der Kirche gestiftet, die beiden Fenster zu beiden Seiten der Empore finanzierte die Gemeinde. Die Fenster sollen die Hektik des Alltags abschirmen. „Die notwendiger denn je gewordene geistige Sammlung gelingt fast nur noch im Energiefeld der Stille" (Schreiter). Die letzte Innenrenovierung war 2001/2002 zur 100-Jahrfeier 2003.

Das **Evangelische Gemeindezentrum Friedensstraße 35** besteht aus dem Gemeindehaus (1929 erbaut mit damals Gemeinderäumen im Parterre, Pfarrerwohnung im ersten Stock und der Dachwohnung für die

Gemeindeschwester), dem Bungalowbau von 1965 mit Gottesdienstraum und Gruppenräumen und dem Kindergarten zur Graf-Stauffenberg-Straße hin (2008/9 erneuert). Nach der Renovierung des Gemeindesaales wurden die Fenster neu gestaltet durch Prof. Thomas Duttenhoefer. Das milchige Chinchillaglas wird durch immer mehr bunte durchsichtige Glassegmente aufgelockert, je mehr sich der Betrachter dem Altarbereich nähert. Der letzte Fensterabschnitt ist zur Hälfte von der Farbe Blau dominiert – was Tiefe und Geborgenheit andeuten soll. „Das Assoziationsbild der Unendlichkeit wird fast unmerklich mit gelben und roten Tönen und bizarren Linien unterstützt." Die in dunkles Blau eingehüllte liegende Acht soll die unendliche Lebenslinie darstellen. Die abstrakten Fenster sollen die Interpretationskraft der Betrachter motivieren und zur Meditation anregen.
Gemeindehaus und Büro Friedensstraße 35, Tel.: 441 88.
Pfarrhäuser: Pfarrer Nose, Elbestraße 7, Tel.: 43272, Pfarrerin Dr. Rinn Eleonorenstraße 31, Tel.: 4654936.
Kindergarten Graf-Stauffenbergstr. 34, Tel.: 41328.

Die **Kreuzkirche** der **Evangelisch-Freikirchlichen Gemeinde Mainz (Baptisten)** am Ende der Canisiusstraße wurde in der ehemaligen Garnisonskirche der in der Kathen-Kaserne (Robert E. Lee Barracks) von 1953 bis 1992 stationierten US-Soldaten eingerichtet und am 13. September 1998 eingeweiht. Der Eingang befindet sich in der Karlsbader Straße 7, Tel.: 686500.

Die katholische Pfarrkirche St. Stephan von 1906 im neugotischen Backsteinstil, als größte Kirche Rheinhessens auch „Rheinhessendom" genannt.

In einem Gebäude der ehemaligen Artilleriekaserne von 1895 hat die **Freie evangelische Gemeinde Mainz** ihre Gottesdienst- und Versammlungsräume (Kurt-Schumacher-Straße 43, Tel.: 4 49 26).

Der **katholische Rheinhessendom St. Stephan** (Kirchstraße 1) beherrscht als riesige dreischiffige Hallenkirche in neugotischem Stil den alten Gonsenheimer Ortskern. Sie wurde erstmals 1401 schriftlich erwähnt. Wegen der zunehmenden Zahl der Einwohnerschaft wurde sie mehrfach vergrößert; zuletzt in zwei Bauabschnitten in Ziegelbauweise: das Querschiff mit Hauptchor und Nebenchören 1870/71, erst 1905/06 das Langhaus und die riesige Doppelturmfassade. Wegen ihrer Maße von über 60 Meter Länge und zwei 60 m hohen Kirchtürmen wird sie als größte Kirche Rheinhessens auch Rheinhessendom genannt. Im Jahre 2006 feierte Gonsenheim das 100-jährige Jubiläum. Um die Kirche herum war der Kirchhof, Gonsenheims erster Friedhof bis 1820 (GJ 4, S. 4-19; 13, S. 6-16 u. 14, S. 5-17).

Pfarrbüro: Pfarrstraße 3, Tel.: 41409.

Die **katholische Pfarrkirche St. Petrus Canisius**, 1956 geweiht, ist vom Grundriss eine Parabel. Dieses griechische Wort bedeutet Gleichnis. Parabeln sind lehrhafte Erzählungen, die an einem Beispiel etwas veranschaulichen möchten. Eine Parabel ist z.B. das Gleichnis vom verlorenen Sohn.

So ist das gesamte Bauwerk ein Gleichnis, eine lehrhafte Erzählung. Die

Die katholische Pfarrkirche St. Petrus Canisius von 1956, ein modernes Bauwerk aus Glas und Beton.

Offenbarung des Johannes vom Glanz des neuen Jerusalems, des neuen zukünftigen Gottesreiches, haben Architekt Hugo Becker und zeitgenössische Künstler mit den Baustoffen Beton und Glas in ein modernes Bauwerk gegossen, das deshalb auch 1996 unter Denkmalschutz gestellt worden ist. Symbole und Anspielungen auf das ewige Leben sollen zur Besinnung anregen.

Schon die Eingangsseite wirkt wie eine überdimensionale **Glaswand** mit den tragenden, aber schmalen Betonrippen dazwischen. „Die Stadt ist aus reinem Gold, wie aus reinem Glas." Die 3 000 Einzelfelder sind „mundgeblasene Doppelschicht-Gläser". Vom Westen her hat die Kirche auch **drei Tore**, die durch das flach gewölbte und überhängende Dach geschützt werden. Der Mittelpunkt der Kirche und auch geometrischer Brennpunkt der Parabel ist der Altar aus rotem Sandstein, umgeben von kreisförmigen Stufen, sodass man um ihn herumgehen kann. Der **Altar** wird durch das Licht erleuchtet, das aus einer runden Öffnung der abgehängten Decke fällt. Oder anders ausgedrückt: Durch eine Lichtkuppel mit indirekter Beleuchtung wird das Zentrum der Kirche erhellt. „Die Stadt bedarf keiner Sonne noch des Mondes, dass sie ihr scheinen; denn die Herrlichkeit Gottes erleuchtet sie." (Off. 21, 23-24).

St. Petrus Canisius, Alfred-Delp-Straße 64, Tel.: 41530.

Der Waldweg von Budenheim nach Gonsenheim ist eine uralte Wallfahrtsstraße: Die Landleute aus dem Rheingau brachten ihr Vieh aus dem Rheingau über die Fähre von Nieder-Walluf nach Budenheim zur **Wendelinuskapelle** oder der **Vierzehn-Nothelfer-Kapelle**, um es dort segnen zu lassen. An der Stelle der Gonsenheimer Kapelle stand ursprünglich ein Heiligenbaum, der mit vielen Bildern geschmückt war. Doch als 1729 eine Seuche ausbrach, an der Vieh, ja sogar Menschen, starben, versprach die Ortsgemeinde, die Kapelle zu Ehren der vierzehn Nothelfer zu errichten. Unter Pfarrer Johann Michael Hassen, dessen

Die Vierzehn-Nothelfer-Kapelle von 1895 im Gonsenheimer Wald.

Grab noch heute hinter der Sakristei von St. Stephan besichtigt werden kann, wurde eifrig gesammelt, so dass die Kapelle schon 1732 geweiht werden konnte. Auf Bitten des Pfarrers gewährte der Papst einen Ablass. Am Hauptwallfahrtstag, dem dritten Sonntag nach Pfingsten, ist schon immer ein großer Besucherstrom gekommen. 1795 wurde die Kapelle von französischen Soldaten durch einen Brand zerstört. Am 9. Oktober 1816, dem Tag des heiligen Dionysius, wurde der Neubau geweiht. Doch da die Kapelle auf morastigem Grund erbaut worden war, senkte sich mit der Zeit die Giebelseite und das Mauerwerk riss, sodass unter Weiterbenutzung vieler Einzelteile der abgebrochenen Kapelle der dritte Bau im Oktober 1895 vom Mainzer Bischof Haffner geweiht werden konnte.

Die Kapelle bietet einen imposanten Anblick mit dem gotischen Hauptportal und Firstreiter mit Spitzhelm, gekrönt von einem großen, vergoldeten Kreuz vor dem rechteckigen Rotklinkerbau mit Gelbklinkerdekor und Sandsteinverzierungen. Der zweigeschossige Anbau enthält Sakristei und Mesnerwohnung. Das Satteldach wurde 1970 erneuert.

Der einfache neogotische Raum mit Tonnengewölbe und rückwärtiger Empore mit Orgel ist vorne mit zwei Seitenaltären und dem zentralen Hochaltar mit Nothelferfiguren aus Holz und aus Wachsfiguren ausgestattet (GJ 2, S. 52-56).

Auf dem Weg von der Kapelle zum Wanderheim befinden sich noch fünf der ursprünglich **„Sieben Fußfälle"**, verwitterte Reliefs der Kreuzwegstationen von der Verurteilung bis zur Kreuzigung.

Im Pfarrbüro von St. Stephan, Tel.: 41409, kann man sich nach den Öffnungszeiten der Kapelle erkundigen bzw. sich einen Schlüssel organisieren.

Im 1. Kasernengebäude Ecke Weserstraße/Canisiusstraße befindet sich eine **Moschee**.

Verband der Islamischen Kulturzentren e.V. Köln Gemeinde in Mainz Canisiusstraße 21 a, Tel.: 676022.

15. DENKMÄLER

15.1 Kriegerdenkmäler in und neben der Pfarrer-Grimm-Anlage (zweiter Gonsenheimer Friedhof von 1822 - ca. 1900):

Der Napoleonstein von 1839 in der Pfarrer-Grimm-Anlage.

Kriegerdenkmäler haben den Zweck, den irgendwo auf den Schlachtfeldern gefallenen und verscharrten Gonsenheimern einen Namen zu geben und den Hinterbliebenen und Freunden einen Ort für ihre Trauer (GJ 12, S. 73-77 u. 15, S. 10-16).

Der **Napoleonstein** aus rotem Main-Sandstein wurde 1839 vom Napoleonverein gestiftet, einem Veteranenverein, den der neue katholische Pfarrer Reuß, selbst elf Jahre im französischen Heer, zuletzt als Oberleutnant, ein Jahr zuvor gegründet hatte. Den obersten Teil bildet ein gedrungener Obelisk mit Trophäen und Kriegsemblemen als Relief. Besonders hervorgehoben leuchtet die goldene Initiale N für Napoleon, zusätzlich noch von acht goldenen Sternen umgeben. Welche Verehrung für Napoleon musste geherrscht haben, um so ein Denkmal im großherzoglich-hessischen Gonsenheim aufzustellen, fast 20 Jahre nach Napoleons Tod! Der untere Teil dient als Ehrenmal für die 17 gefallenen Kameraden mit den Angaben ihres Dienstgrades und Regiments, mit Geburts- und Todesdaten und dem Ort ihres Ablebens. Auch die Namen und Lebensdaten der 24 in Gonsenheim verstorbenen Veteranen sind eingraviert.

Solche Veteranenvereine mit dem Namen ihres Feldherrn Napoleon gab es in Trier, Koblenz, Kaiserslautern, Bad Kreuznach, Worms und Landau, Napoleonsteine stehen auch auf dem Mainzer Hauptfriedhof und in Hechtsheim.

An der Pfarrer-Grimm-Straße errichtete der **Ludwigsverein** 1863 ein Denkmal, 1888 renoviert. Eingraviert sind die Namen toter Vereinsmitglieder der Kriege des 19. Jahrhunderts und des Ersten Weltkriegs. Die jungen Rheinhessen kämpften 1864 unter der Fahne des Großherzogtums mit Preußen und Österreichern gegen Dänemark zur Gewinnung

Schleswig-Holsteins, 1866 aber vergeblich mit den unterlegenen Österreichern gegen die siegenden Preußen im Kampf um die Vorherrschaft in Deutschland. 1870/71 waren sie dann wieder bei den deutschen Siegern gegen Frankreich. Im Ersten Weltkrieg fielen 180 Gonsenheimer. Auch die Namen der in Friedenszeiten Verstorbenen sind auf dem Denkmal eingraviert.

Die **Erinnerungssäule des 1. Nassauischen Feldartillerieregiments Nr. 27 Oranien** mitten in der Anlage wurde 1933 von der Ortsgruppe Gonsenheim zum 100-jährigen Bestehen des Regiments errichtet und eingeweiht. Die Inschrift lautet: „Dem Regiment zur Ehre, den Gefallenen zum Gedächtnis." Darüber erkennt man den hessischen Löwen über dem Gonsenheimer Ortswappen, dem Gänsefuß. Das Regiment bezog 1895 die neuerbaute Kaserne in Gonsenheim. Geübt wurde in den Schießständen. Der berühmteste Rekrut war 1914 Carl Zuckmayer.

Das Denkmal des Ludwigsvereins von 1863 mit dem hessischen Löwen.

Das **neue Kriegerdenkmal** neben der Martinusschule wurde 1937 von dem Gonsenheimer Architekten und Bildhauer Adalbert Ditt zur Erinnerung an die Opfer des Ersten Weltkriegs wie eine Art Ehrenhof geschaffen. Auf acht Tafeln stehen die Namen der Gefallenen und Vermissten, eine Tafel führt die Namen der in der Heimat an den Kriegsfolgen Verstorbenen, insgesamt 184.

Ditt gestaltete auch den Denkmalkubus im Zentrum der Gedächtnisstätte zur Erinnerung an die Opfer des Zweiten Weltkriegs. Das Ehrenmal wurde 1967 – genau 30 Jahre später – durch eine Stiftung des Gonsenheimer Fabrikanten Hans Klenk errichtet. An der Rückfront erinnert eine Gedenktafel auch an die fünf Gefallenen des deutsch-französischen Krieges von 1870/71.

15.2 Feldkreuze

Meist wurden sie zur Erinnerung an ein überstandenes Unglück vom Stifter errichtet. Den Vorübergehenden sollen die Feldkreuze an das Leiden

Christi erinnern, der durch seinen Tod die Sünden der Menschen büßte und durch seine Auferstehung die gläubigen und reuigen Sünder auf ein ewiges Leben hoffen lässt (GJ 12, S. 89-94).

Das Feldkreuz an der Ecke **Mainzer Straße/Im Niedergarten** trägt die Inschrift auf dem Sockel unter dem hochaufstrebenden Kreuz aus rotem Sandstein mit hellerem Corpus:
Lasset uns aufschauen zu Jesus.
Er nahm sein Kreuz auf sich,
ohne auf die Schmach zu achten.
Nun sitzet er zur Rechten Gottes.

Das alte **Feldkreuz** in der **Raiffeisenstraße** mit Corpus aus rotem und einem Sockel aus einem gelblicheren Sandstein steht unmittelbar am Gonsbach, in der Nähe der Pflanzfelder und gegenüber der ehemaligen Markthalle (heute Wohnbebauung). Wenn die Gonsenheimer – vor allem die Bauern – vorbeigingen, sollte sie dieses Gedenkkreuz zu stiller Einkehr anhalten. Auch diese Inschrift auf dem Sockel mahnt die Passanten, den Leidenden zu grüßen, denn er ist als unser Heiland die einzige Hoffnung auf ein ewiges Leben nach dem Tode. Das Kreuz ist von der Gemeinde 1818 zur Segnung aufgestellt worden.

Am Bahnübergang über die Strecke nach Alzey, direkt gegenüber dem BFE-Gebäude, steht ein **Buntsandsteinkreuz** mit einem Corpus in demselben Material. Der Sockel in der Form eines Altartisches trägt Inschriften auf Vorder- und Rückseite. Die weiteren Angaben sprechen für ein typisches Stifterkreuz.

Die **Kreuzigungsgruppe** aus Rotsandstein auf dem „Alten Friedhof" mit dem Bürgerbrunnen an der Kirchstraße wurde nach dem Stiftervermerk der Inschrift 1822 von der Gonsenheimer Gemeinde errichtet und vom Bildhauer Johann Sebastian Pfaff aus Unterfranken für den zweiten neu errichteten Friedhof geschaffen, damals außerhalb des Dorfes, auf der heutigen Pfarrer-Grimm-Anlage. 1977 wurden die Figuren der Maria und dem Lieblingsjünger Johannes nach gründlicher Restaurierung am jetzigen Standort aufgestellt. Die unter Denkmalschutz stehende Gruppe befindet sich heute in einem jämmerlichen Zustand und müsste renoviert werden.

15.3 Fastnachtsskulpturen von Herbert Bonewitz

Zum 111-jährigen Bestehen im Jahr 2003 errichtete neben der VR-Bank der Gonsenheimer Carneval-Verein (GCV) „Schnorreswackler" die Symbolfigur des Vereins mit einem riesigen Schnurrbart. Sie verkörpert die „Gonsenheimer närrische Achse". Der „Schnorreswackler" im Zentrum trägt eine Narrenkappe und hält in der rechten Hand einen Vogel mit einem Strohhut auf dem Kopf, der an die „Gonsbachlerchen" erinnert, die als in ganz Deutschland bekannte Gesangsgruppe von 1953 bis 1992 für den Verein auftraten, und in der linken Hand einen Helm der 1953 von Werner Schultheis gegründeten Füsiliergarde. Die Gardeuniform stammt vom ehemaligen Hessen-Kasseler-Füsilier-Regiment Nr. 80, das im Pfälzischen Erbfolgekrieg 1689 in Gonsenheim stationiert war. Die närrische Zahl 11 auf dem Helm verdeutlicht allerdings die Parodie auf das Militär. „Gonsenheimer närrische Achse" bedeutet also, dass der Carnevalverein freundschaftlich mit der unabhängigen Garde und der Gesangsgruppe zusammen arbeitet.

Vor dem Eingang zur Gonsenheimer Narrhalla, der Turnhalle der Turngemeinde, stehen noch zwei Bonewitz-Fastnachts-Figuren: ein breit geratenes Komitee-Mitglied und ein Narr, der seinen Zuhörern den Spiegel vorhält, den historischen Till Eulenspiegel nachahmend.

16. | DER WALDFRIEDHOF

Der Gonsenheimer **Waldfriedhof** ganz am Ende der Kirchstraße wurde 1931 eingeweiht, die Friedhofskapelle wurde erst 1961 gebaut.

Bevor die Trauernden die **Friedhofskapelle** betreten, erblicken sie über den vier hölzernen Eingangstüren ein Mosaik mit dem Titel „Auferstehung" von Helimar Schoormanns. Links blasen die Engel die Posaunen (Offenbarung Johannes, Kap. 8), während ganz rechts die Toten auferstehen. Wenn die Trauergemeinde die Kapelle verlassen hat und dem Sarg folgt, gehen alle an einem fünf Meter hohen Steindenkmal mit zwei Fischen, den Symbolen für Jesus Christus, und einer hochfliegenden Taube vorbei. Der früh verstorbene Gonsenheimer Holz- und Steinbildhauer Reginald Krämer hat dieses Kunstwerk geschaffen. Jesus hat die Apostel auch Menschenfischer genannt (Matthäus 4, 19), die andere Menschen missionieren und für die frohe Botschaft begeistern. Das Wasser ist Lebenselement der Fische und wird zum Taufwasser. Dieser Gedanke steht in Zusammenhang mit der Taube, die den Heiligen Geist versinnbildlicht, der über den Wassern schwebt. Bei Jesu Taufe kam der Heilige Geist wie eine Taube auf ihn herab (Matthäus 3, 16). In ihrer hochfliegenden Art erinnert sie an die Auferstehung und wurde deshalb früher in die Gräber von Märtyrern gelegt. Noch stärker auf die Auferstehung und ein Leben nach dem Tode gerichtet ist Jesu Ausspruch: „Wer sein Leben um meinetwillen verliert, wird es finden." (Markus 8, 35). Wer sein durch irdische Werte bestimmtes Leben „verliert", d.h. freiwillig verändert, um Jesus nachzufolgen und im Geiste des Evangeliums zu leben, der wird das wirkliche Leben finden, das ewig währt. So wollen die Kunstwerke auf dem Waldfriedhof die Hoffnung auf ein zukünftiges Leben nach dem irdischen Leben wachhalten.

Grabstätten Gonsenheimer Persönlichkeiten: u.a. diejenigen von Bürgermeister Johann Ludwig (Amtszeit 34 Jahre 1849 - †1883) und Franz August Becker (Amtszeit 27 Jahre 1885 - †1912), dessen Bruder Maler Ferdinand Becker (1846 - †1877), Flugpionier Jacob Goedecker (1882 - †1957), Max Lochner (1868 - †1949), Christian Grosch (1841 - †1917) und seinen Töchtern, Malerin Sophie Grosch (1874 - †1962) und Schriftstellerin Minnie Grosch (1879 - †1963), Verleger Dr. Hanns Krach (1892 - †1959).

Die **drei Vorgänger-Friedhöfe** waren: 1. Kirchhof St. Stephan bis ca. 1822, noch heute Grabsteine der Pfarrer des 19. Jahrhunderts, 2. Friedhof 1823 - 1903 (heute Pfarrer-Grimm-Anlage) mit den Kriegerdenkmälern Napoleonstein von 1839, Denkmal des Ludwigsvereins von 1863, Kriegerdenkmal Ecke Breite Straße/Budenheimer Straße, 3. Friedhof 1899 - 1930/31 an der Kirchstraße (heute Freizeitanlage Am alten Friedhof)

Eine genaue Beschreibung der Friedhöfe: GJ 12, S. 59-100 u. 15, S. 10-19 (Denkmäler der Veteranenvereine).

17.1 Naturschutzgebiet Mainzer Sand

Das **Naturschutzgebiet Mainzer Sand** oder **Mainzer Sandflora**, eines der bedeutendsten Naturschutzgebiete Europas, gehört zu einem etwa 15 km langen Flugsandgebiet, das linksrheinisch von Mainz bis Gau-Algesheim reicht. Vor vielen Millionen Jahren war Rheinhessen von einem Meer überdeckt, dessen stürmische Wellen große Sandmassen anhäuften. Viele fossile Muscheln und Schnecken belegen das. Flugsande wurden auch aus dem sich ständig ändernden Flussbett des Rheins herangeweht. Durch den Wechsel von Eis- und Warmzeiten bildeten sich verschiedene Vegetationen. Nach dem Verschwinden der letzten Eiszeit vor etwa 14 000 Jahren begann die heute sichtbare Entwicklung des Mainzer Sandes. Die eisfrei gebliebene mitteleuropäische Zone besaß damals Steppenvegetation. Diese blieb erhalten, weil trotz der Erwärmung wegen des Regenschattens durch die umliegenden Mittelgebirge die Niederschläge für schnellwachsende Pflanzen zu gering waren.

Diese Steppe als Überbleibsel der Nacheiszeit macht den Großen Sand zu einem international berühmten Naturschutzgebiet. Zwar wurde das Terrain seit Napoleons Zeiten als Truppenübungsplatz genutzt und unter dem letzten Kaiser fanden große Manöver statt, außerdem eröffnete der Flugpionier Goedecker 1909 eine Flugzeugfabrik und selbst Zeppeline landeten hier. Die Trockensteppenflora blieb aber trotzdem erhalten, weil der Sandboden als Bauland und zur landwirtschaftlichen Nutzung ungeeignet schien. Kiefern und andere schnell wachsende Pflanzen wurden von weidenden Schafen aufgefressen oder von Pferdehufen zertreten, sodass die kleinen Steppenpflanzen nicht überwuchert wurden.

Nach Auskunft des Mombacher Arbeitskreises Umwelt gelten als seltene Tiere, die auch noch auf der Roten Liste stehen und vom Aussterben bedroht sind, unter anderem Kreuz- und Wechselkröte, Schmetterlinge wie Schwalbenschwanz und Ameisenbläuling, Heuschrecken wie Weinhähnchen und die blauflügelige Ödlandschrecke. Zu den streng geschützten Vertretern der Vogelwelt zählt auch der Wiedehopf. Besonders gefährdet in der Pflanzenwelt sind das hübsche gelb blühende Adonisröschen, Federgräser und Sand-Lotwurz, Karthäuser-Nelke und Nadelröschen

Ein schlimmer Eingriff in die Natur bedeutete der Bau der Autobahn mitten durch das Naturschutzgebiet. Das von der amerikanischen Armee stark genutzte Gelände kann sich langsam wieder erholen, für Spaziergänger ist ein Bohlenweg angelegt worden, um die Zerstörung der kleinen Pflanzen durch Herumlaufen zu verhindern. Hunde sind unerwünscht, weil sie die Pflanzen überdüngen. Die Pflanzen haben sich nämlich an die Stickstoffarmut gewöhnt, nitrathaltiger Regen oder Hundekot zerstören

Blüten und Blätter des Adonisröschens – auch Frühlings-Teufelsauge genannt – sind sehr dekorativ.

das über Jahrtausende erreichte Anpassungsgleichgewicht. Diese Hungerkünstler dürfen nicht überfüttert werden. Bei Führungen werden weitere Überlebenstechniken der Pflanzen erklärt. Sie müssen sich besonders vor Austrocknung schützen, denn Wind und Hitze fördern die rasche Verdunstung des wenigen Wassers. Zu gewissen Jahreszeiten blüht es üppig, besonders im April kann man sich an den gelben Adonisröschen erfreuen. Viele Pflanzen wachsen sonst nur am Mittelmeer. Im Herbst wehen die Winde die „Steppenläufer" über den Sand, verschlungene, trockene Pflanzenteile, die auf diese Art und Weise ihren Samen weit verstreuen.

Das Naturschutzgebiet wird trotz aller Gefahren und Einschränkungen wegen der günstigen Voraussetzungen weiterhin bestehen, der sandige Untergrund ist nährstoffarm, es regnet wenig und die Sommer sind recht heiß. Die Hitze der Sonnenstrahlen wird noch durch die Reflexion der Sandkörner verstärkt. Die sehr hohe Randbebauung des Elsa-Brändström-Gebietes mit über 20-stöckigen Häusern hat die Durchschnittstemperatur sogar noch erhöht. Haben früher Pferdehufe schnell wachsende Sträucher niedrig gehalten, so sorgen sich heute um die Pflege des Naturschutzgebietes der Arbeitskreis Umwelt Mombach und Schulklassen mit ihren Biologielehrern.

Viele Gonsenheimer haben als Kinder auf dem Großen Sand gespielt. Über Höhlenbau und Jugendstreiche berichten Joe Ludwig, Adam Gottron und Carl Zuckmayer in ihren Lebenserinnerungen.

17.2 Der Lennebergwald

Südwestlich an den Großen Sand schließt der **Lennebergwald** oder **Gonsenheimer Wald** an. Auch hier wachsen die Bäume nur auf sandigem Boden mit wenigen Nährstoffen und hohen Temperaturen, weshalb besonders die Kiefer als charakteristische Baumart vorkommt, oft mit viel Unterwuchs und Sträuchern, aber sonst lichtdurchflutet. Auch die Flora des Sandes hat Einzug gehalten. Man staunt, dass Orchideen wie das Rote Waldvögelein und Veilchen blühen. Wegen dieser Eigenarten ist der Lennebergwald auch unter Naturschutz gestellt worden, denn Deutschlands Wälder werden meist beherrscht durch Buchenmischwälder und schnellwachsende Nadelgehölze. Der Lennebergwald gilt als beliebtes Mainzer Naherholungsgebiet für fast eine Million Menschen jährlich – begleitet von 90 000 Hunden. Für Jogger gibt es einen Waldlaufpfad über 6, 10, 15 oder 20 Kilometer, durch weiße Winkel an den Baumstämmen gekennzeichnet, auch die Kilometrierung ist auf Bäumen an der Strecke mit weißer Farbe aufgemalt. Zur Information sind zahlreiche Tafeln aufgestellt. Besonders beliebt sind Spaziergänge zum Lenneberg-Turm mit dem benachbarten Restaurant und zum Schloss Waldthausen. Über die „Rennstrecke" von der Vierzehn-Nothelfer-Kapelle nach Budenheim erreicht man am Rheinufer an Sonntagen im Sommer die Fähre nach Nieder-Walluf und in den Rheingau. Am Fuße des Schlosses Waldthausen, gegenüber der Reitschule, liegt das Forsthaus mit einer Ausstellung im „Grünen Haus", einer nahe gelegenen Grillhütte, die man mieten kann, und einem Teich.

17.3 Der Wildpark

Schon vor dem Zweiten Weltkrieg freuten sich Gonsenheimer Kinder über „Meister Petz" und andere Tiere in einem kleinen Tierpark neben der Gastwirtschaft „An der Krimm".

Die Ursprünge des heutigen **Gonsenheimer Wildparks** gehen auf eine Hege- und Pflegegemeinschaft von Jägern zurück, die Ende der 1940er Jahre ein Wildgehege einrichten wollte. Auf Initiative des Ortsvorstehers Alexander stellte die Stadt Mainz 1948 das von Schutt übersäte Gelände zur Verfügung. Durch geringe Beiträge der Gemeinschaft, Spenden und gestiftete Hütten, vor allem aber viel freiwillige Arbeit konnten 1951 Wildschweine und Hirsche eingesetzt werden. 1965 wurde die Interessengemeinschaft Wildpark als eingetragener Verein gegründet, um durch die Ausstellung von Spendenquittungen die Einnahmen zu erhöhen. In den 60er Jahren gab die Stadt Mainz einen jährlichen Zuschuss und bezahlte auch Tierpfleger. Doch ein aufkommender Rechtsstreit führte zum Ende des Vereins (Johanna Franz, in: GJ 9, S. 119-123). In der Zwischenzeit waren Käfige für Kleinraubtiere wie Füchse und Luchse und Volieren eingerichtet worden. Rehe, Ziegen und ein Teich für Wasservögel kamen hinzu; auch ein zweites umzäuntes Gehege für Hirsche vor dem Waldfriedhof wurde eingerichtet. Weil aus finanziellen Gründen die Stadt Mainz die Schließung zur Sprache brachte, bildete sich im Jahre 2002 der Förderverein Wildpark Mainz-Gonsenheim e.V., der nicht nur den Bestand halten konnte, sondern auch für neue Tiere gesorgt hat.

17.4 Gonsbachtal

Das **Gonsbachtal** soll als ein weiteres Mainzer Naherholungsgebiet aufgewertet werden, Pläne für eine Landesgartenschau haben sich leider zerschlagen.

Der Gonsbach hat sich auf seinem Weg von Finthen (ad fontes = bei den Quellen, 190 m NN) zur Mündung in den Rhein tief eingegraben und dadurch eine breite Talaue geschaffen. Von diesen Ackerflächen der Gonsbachniederung (110-115 m NN) breitet sich der Ort in nördlicher Richtung auf einer sanft ansteigenden Terrassenfläche (130-140 m NN) bis zum Kiefernwald und Naturschutzgebiet Der Große Sand aus. Der östlich anschließende Gleisberg hat ein noch stärkeres Gefälle zum Gonsbach hinunter.

Auf einem Höhenrücken südlich des Gonsbachs liegen ebenfalls in östlicher Richtung das Gewerbegebiet Am Hemel und das Bahngelände einschließlich Bahnhof bis zum Wohngebiet Münchfeld. So bildet die Gemarkung Gonsenheim ein Rechteck.

Der Name Gonsbach kommt erst im späten Mittelalter vor, die ursprüngliche Bezeichnung ist Aubach, da der Wasserlauf sich ein feuchtes, fruchtbares Flusstal bzw. eine Niederung geschaffen hat. Vom früheren Namen des Bachs abgeleitet sind die obere und untere Au-Mühle.

Sehr zu empfehlen ist eine Mühlenwanderung entlang des Gonsbachs von der Autobahnbrücke vor Finthen bis zum Kinderneurologischen Zentrum hinter dem Bahndamm an der Zwerchallee, von wo der Gonsbach kanalisiert unter dem Straßengewirr zur Mündung in den Rhein weiter fließt.

Die einzige Finther Gonsbachmühle, die **Jungenfeld'sche Mühle**, steht hinter der Fontana-Klinik in der Gonsenheimer Straße. Seit 1700 betrieb die adlige Familie neben dem Großen Garten mit Herrenhaus, Scheune und Stallung diese Mühle. Während der Franzosenzeit um 1800 kam auch diese Mühle in Privatbesitz. Seit 1905 war eine Konservenfabrik darin untergebracht. Das einst repräsentative Hauptgebäude mit Schmuckfassade und rotem Eckturm sieht heute heruntergekommen aus.

Sehr zu empfehlen ist eine **Mühlenwanderung** entlang der Gonsenheimer Mühlen bzw. deren Überreste oder Nachbauten von dem Feldweg unterhalb der Autobahnbrücke zwischen Gonsenheim und Finthen bis zur Straße An Schneiders Mühle unterhalb der Kanonikus-Kir-Realschule oder weiter zum Kinderneurologischen Zentrum.

Von der **Oberen Aumühle** sieht man nur noch Reste eines Kellergewölbes, wenn man nach der Autobahnbrücke in den ersten Feldweg nach rechts abbiegt. Sie wurde schon 1364 als molina, auch molendina, erwähnt, ein spätlateinisches Wort für Mühle. Diese Namensgebung deutet auf römischen Ursprung hin. Ganz in der Nähe wurde auch die römische Wasserleitung auf Pfeilern über das Tal geführt.

Etwas weiter den Gonsbach abwärts grüßt die **Untere Aumühle**. Sie war neben den sieben Getreidemühlen am Gonsbach die einzige Ölmühle. Da das Wasser des Gonsbachs in einen mit hohem Wall umgebenen Mühlbach geleitet wurde, konnte das Mühlrad oberschlächtig angetrieben werden. Trotz der vielen zeitlichen Wirren ist die untere Aumühle die besterhaltenste des Gonsbachtals, so wie man sich eine richtige Mühle vorstellt. Die Mühlengebäude waren meist in einem Viereck oder in einem Kreis angelegt, einer kleinen Festung ähnelnd. Der Hof war umgeben von Gebäuden, Mauern oder vom Mühlteich. War das überdachte Hoftor geschlossen, fühlte sich die Müllersfamilie sicher. Heute beherbergt der Gebäudekomplex die Ateliers der Künstlerfamilie Graffé.

Der nächste Mühlenstandort befindet sich abseits vom Bach auf dem Gelände an der Straße An der Ochsenwiese. Das Wasser der ehemaligen **Plätz-Mühle oder Mühle hinter dem Dorf** wurde nämlich durch einen Mühlbach vom Gonsbach abgeleitet, um einen Mühlteich zu speisen. Anschließend floss das Wasser weiter abwärts wieder zum Gonsbach zurück. Die Plätz-Mühle war eine Getreidemühle mit unterschlächtig angetriebenem Mühlrad. 1798 kam die Mühle ebenfalls in Privatbesitz und wechselte mit den Eigentümern den Namen: 1811 Adam Krieger, ein Bruder des Aumüllers, 1843 Plätz-Mühle, 1858 Alte Kriegers-Mühle.

Die Wassermühlen waren während der Industrialisierung im 19. Jahrhundert gegenüber den mit Dampfmaschinen oder Elektromotoren be-

Die untere Aumühle, die einzige Ölmühle im Gonsbachtal, beherbergt heute die Ateliers der Künstlerfamilie Graffé.

triebenen Mahlwerken nicht mehr konkurrenzfähig und mussten alle schließen, die Mühle hinter dem Dorf schon 1870. Abwechselnd waren in den Gebäuden die Konservenfabrik Stumpfhaus und Bendel, die Mainzer Ofenrohrfabrik, dann die Firma Süweda, später umbenannt in Primacom, untergebracht.

In der Straße An der Nonnenwiese rechts hinter dem Tennisplatz steht die ehemalige **Obere Gonsmühle**, heute als Restaurant „Gonsbachmühle" eingerichtet. Die Obere und die bachabwärts liegende Untere Gonsmühle wurden durch einen vom Gonsbach abgehenden Mühlbach angetrieben.

Die unterschlächtige Getreidemühle mit Wiesen und Ackerland bestand bereits im 14. Jahrhundert, gelangte 1538 in den Besitz der Freiherrn von Dienheim und war ab 1798 in wechselndem Privatbesitz: 1850 hieß der Müllermeister Johann Philipp Krug, 1852 Philipp Schneider, daher der Name Schneidersmühle und die daraus abgeleiteten Flur- und Straßenbezeichnungen An der Schneidersmühle. Lange Zeit gab es hier eine Gärtnerei; 1975 wurde das Hauptgebäude abgerissen, um als Fachwerkhaus und Restaurant „Neumühle" neu zu erstehen.

Die **Untere Gonsmühle** oder auch **St. Viktorsmühle, Schubertsmühle** bzw. **Neumühle** wurde urkundlich 1421 zuerst erwähnt, dürfte aber schon vorher benutzt worden sein. Von 1476 bis 1802 war die Mühle im

Besitz des Mainzer Stifts St. Viktor. Die ansehnliche Anlage bestand aus Hauptgebäude, Scheune, Stall, Schuppen, Wiesen und Ackerland, denn der Mühlenpächter betrieb auch Landwirtschaft. 1590 und 1667 brannte die Mühle ab, 1680 riss der überschäumende Bach das Wasserhaus mit Mühlrad ein. Jedes Mal betrieb das Stift den Wiederaufbau. Seit 1771 fehlte das Wasser zum Mühlenantrieb. Das Stift und die Gemeinde Gonsenheim sorgten für die Reinigung und Begradigung des Gonsbachs. Als das Stift 1802 säkularisiert (aufgehoben) wurde, verkaufte der französische Präfekt die Mühle als französisches Nationaleigentum. Engelbert Simon erwarb die Mühle 1839. Als allmählich Dampfmühlen die Wassermühlen ersetzten, wurde der Mühlteich zugeschüttet und Gartenbau betrieben. Der Name Neumühle kam auf. Dann kam das Anwesen in Gemeinde-, seit 1930 in städtisches Eigentum und wurde nacheinander Jugendherberge („eine der schönsten im Rhein-Main-Gebiet", in: Gonsenheimer Nachrichten v. 12.10.1978), Altersheim und Notquartier. Zuletzt zerfiel das Gebäude. Nach gründlichen Umbau- und Renovierungsarbeiten Anfang der 80er Jahre ist die Neumühle wieder wie einst ein schmuckes Anwesen.

Weiter bachabwärts lagen noch die Obere und die Untere Hattenmühle (heute Kinderneurologisches Zentrum) auf Mombacher Gebiet, auf dem Hattenberg gab es auch noch eine Windmühle. Insgesamt hat der Gonsbach also acht Mühlen in drei Gemarkungen angetrieben: Eine in Finthen, fünf in Gonsenheim und zwei in Mombach. Neben einer Ölmühle gab es sieben Getreidemühlen.

BENUTZTE LITERATUR ZUR GONSENHEIMER GESCHICHTE

– 100 Jahre Rheinhessendom St. Stephan Mainz Gonsenheim 1906 - 2006, Festschrift, Mainz-Gonsenheim 2006

– ... und lobten Gott" Hundert Jahre evangelische Kirchengemeinde Gonsenheim Festschrift, Gonsenheim 1993; GJ 1, S. 32-54, 10, S. 36-65; GJ 1, S. 32-54 u. 10, S. 36-65

– Alt-Gonsenheimer Geschichten: Gemeinde-Einnehmer Johann Appel, Gonsenheim im Jahre 1806; Gemeinde Einnehmer Paul Ludwig, Gonsenheim im Jahre 1843, mit Adressenlisten bis 1853, neu bearbeitet von Franz Krieg 1964

– Ament, Hermann: Das Dorf in Rheinhessen als Forschungsgegenstand der Siedlungsarchäologie, in: Das Dorf am Mittelrhein. 5. Alzeyer Kolloquium. Geschichtliche Landeskunde 30, Stuttgart 1989, S. 1-10 (Ament 1989)

– Amtliche Nachrichten der Gemeindeverwaltung Gonsenheim seit 1916, seit 1938 des Stadtteils Mainz-Gonsenheim, verfilmt in der Stadtbibliothek Mainz 1916-1935, 1939, 1949-1966

– Amtlicher Bericht über die XII. Versammlung deutscher Land- und Forstwirthe zu Mainz, im Oktober 1849, Mainz 1850

– Arens, Fritz: St. Johannis, ehemalige katholische Stiftskirche, in: Die Kunstdenkmäler der Stadt Mainz Teil 1: Kirchen, Deutscher Kunstverlag o.O. 1961, S. 409-441, bes. 415-423

– Bechtolsheimer, Heinrich: Erinnerungen eines Diasporapfarrers, Leipzig 1928

– Becker, Walter: Gonsenheimer Wörterbuch, in: GJ 11 (2003), S. 110-118 u. GJ 13, S. 136-137 (Ergänzungen).

– Chronik der evangelischen Gemeinde Gonsenheim

– Decker, Karl Viktor: Die Anfänge der Mainzer Geschichte, in: Mainz. Die Geschichte einer Stadt, Mainz 1998, S. 3 f.

– Gemeinde – Gemeinschaft, in der Glaube lebt – 50 Jahre katholische Kirche St. Petrus Canisius in Mainz-Gonsenheim 1956 - 2006, Festschrift zum Kirchenjubiläum, Mainz 2006

– Gonsenheimer Jahrbücher: informieren am ausführlichsten zu den hier behandelten Themen. Bibliographie als Verzeichnis aller Beiträge s. Gonsenheimer Jahrbuch (GJ) Band 15 oder unter www.hgg-gonsenheim.de Gonsenheimer Vereinsbroschüre

– Hesse, Wilhelm: Rheinhessen in seiner Entwicklung von 1798 bis Ende 1834. Ein statistisch-wissenschaftlicher Versuch, Mainz 1835, bes. S. 13 Mainzer Garden

– Heuser, Rita: Die Flurnamen von Bretzenheim, Zahlbach, Drais, Marienborn und Gonsenheim. Sammlung und sprachliche Auswertung, Magisterarbeit Universität Mainz, Maschinendruck Mainz 1995, S. 5

– Knöchlein, Ronald: Gonsenheim – Die ältesten Besiedlungsspuren bis zur urkundlichen Ersterwähnung, Archäologische Ortsbetrachtungen Heft 4, Mainz 2004

– Kluge, Friedrich: Etymologisches Wörterbuch der deutschen Sprache, 19. Auflage Berlin 1963

– Krawietz, Peter: Gonsenheimer Geschichte und Geschichten, hrsg. von der Volksbank Gonsenheim 1986

– Kulturdenkmäler in Rheinland-Pfalz, hrsg. v. Landesamt für Denkmalpflege (Denkmaltopographie Bundesrepublik Deutschland) Band 2,3: Vororte, bearbeitet von Dieter Krienke, Worms 1997, Gonsenheim S. 74-102.

– Lehne, Friedrich: Historisch-Statistisches Jahrbuch des Departements Donnersberg Jahr 9 (1800/01); Beiträge zur Statistik des Großherzogtums Hessen, Bd. 3, Darmstadt 1864, S. 48

– Ludwig, Paul: Landwirtschaftliche Beschreibung der Gemarkung Gonsenheim des Kreises Mainz 1843, in: Zeitschrift für die landwirthschaftlichen Vereine des Großherzogthums Hessen 14 (1844), S. 173-180, 185-190 u. 209-213

– Mainzer Kirchenführer. Entdeckungen in evangelischen Kirchen, Ingelheim 2003, S. 32-35

– Mainzer Kirchenführer. Entdeckungen in katholischen Kirchen, Ingelheim 2004, S. 100-104 u. 124-127

– Müller, Hermann-Dieter: Vom Bauerndorf zum Prominentenvorort, in: GJ 8, S. 7-22

– Ders.: Bauwirtschaft Ende 19. Jahrhundert, in: GJ 3, S. 30-53

– Ders.: Französische Besatzungszeiten Teil 1, in: GJ 12, S. 13-20 u. Teil 2 in GJ 17

– Ders.: 70 Jahre Eingemeindung ..., in: GJ 15, S. 49–81

– Ders.: Das 6. Deutsche Flugzeugwerk Jacob Goedecker in Gonsenheim bei Mainz, in: GJ 16, S. 33-58

– Ders.: Die Landwirtschaft, in: GJ 2, S. 34-51

– Ders.: Gonsenheim im Jahr der Einweihung des „Rheinhessendoms" 1906, in: GJ 13, S. 17-56

– Ders.: Gonsenheimer Schulgeschichte, in: GJ 14, S. 46-87

– Schäfer, Heinrich: Gonsenheim und Bretzenheim. Ein stadtgeographischer Vergleich zweier Mainzer Außenbezirke, Dissertation, Bad Godesberg 1968

– Schott, Christian-Erdmann: Gonsenheim – Heimat studentischer Verbindungen, in: GJ 9 (2002), S. 85-98.

– Schreiber, Hermann: Streiflichter aus der Gonsenheimer Geschichte, einzelne Artikel in: Amtliche Nachrichten Gonsenheim 1952 und 1953

– Schreiber, Volker: Gonsenheimer Spitznamen von „Aberabb bis Zwiwwel", in: GJ 4 (1996), S. 102-111 u. GJ 13, S. 138

– Schuth, Adolf Ernst: Festschrift zum 60-jährigen Vereinsjubiläum des MGV Cäcilia, Gonsenheim 1905. Schuth, Adolf Ernst: Festschrift zum 80-jährigen Vereinsjubiläum des MGV Cäcilia, Gonsenheim 1925

– Ders.: Festschrift zum 50-jährigenVereinsjubiläum des MGV Einigkeit, Gonsenheim 1929

– Schwalbach, Helmut: 250 Jahre, 1729-1979, Vierzehn-Nothelferwallfahrt in Gonsenheim, Gonsenheim 1979; GJ 2, S. 52-56

– Stauder, Heiner: Die linksrheinischen Vororte vom Frühmittelalter bis zum 19. Jahrhundert, in: Mainz. Die Geschichte der Stadt, Mainz 1998, S. 580-628

– Steitz, Heinrich: Die vor- und frühgeschichtlichen Funde in der Gemarkung Gonsenheim, in: Gonsenheimer Nachrichten Nr. 34 u. 35 (1975)

– Ders.: Die Deutung des Ortsnamens Gonsenheim, in: Gonsenheimer Nachrichten 1975

– Ders.: Maler Ferdinand Becker aus Gonsenheim, Leben und Werk, in: Mainzer Zeitschrift 84/85 (1989/1990), S. 115-127 mit Farbbildern; GJ 3, S. 28-29 u. GJ 12, S. 81-82

– Stoelting, O.: Agrargeographische Wandlung im Umkreis Mainz seit der Mitte des 19. Jahrhunderts, Dissertation Frankfurt a. M. 1946

– ... und lobten Gott – Hundert Jahre evangelische Kirchengemeinde Gonsenheim, Gonsenheim 1993

– Weinfurter, Stefan: Der heilige Stephan im Mittelalter, in: GJ 14, S. 7-8

– Werum, Isabell: Die Landwirtschaft in Gonsenheim im Wandel der Zeit, in: GJ 16, S. 5-32

– Wild, Adolf: Mühlen in Mainz, mit Zeichnungen von Hanns Pfeifer, Mainz 2001; eine Zusammenfassung der Beschreibungen von Heinrich Steitz

A) Ein Museumsquiz als Anreiz zum Besuch des Museums Gonsenheim

1) Wie wurden die Menschen, die schon vor 7 000 Jahren auf dem Gonsenheimer Kisselberg wohnten, nach der Verzierung ihrer Keramik genannt?
....

2) Wie nennen Archäologen die Sicherheitsnadeln der ersten Gonsenheimerinnen, die auf dem Hemel wohnten? ....

3) Wie wurde das prächtige Wohnhaus der römischen Großgrundbesitzer genannt? ....

4, 5) Was ist das erste Fundstück, das uns an die Existenz von Franken in Gonsenheim erinnert? ....
Von wann stammt es? ....(Jahr)

6) Wann wurde der Name unseres Ortes zum ersten Mal schriftlich erwähnt? .... (Jahr)

7) Was stellt das Gonsenheimer Wappen dar? ....
....

8) Wie heißt das Gerät (die Maschine), das die Spreu vom Weizen trennt? ..
....

9, 10) In welchem Jahr und zu welchem Ereignis waren alle Gonsenheimer Millionäre? ....

11) Wie hoch war der Prozentsatz der Gonsenheimer NSDAP-Wähler im März 1933? .... %

Noch ein Tipp: Wer die Erklärungen im Museum sorgfältig liest, kann auch die 11 Fragen lösen.

B) Gonsenheimer Lügengeschichte

Für eine korrigierte Lüge gibt es einen Punkt, für zusätzlich eingebaute Fehler einen Minuspunkt.

Die Bürgersäule auf dem ehemaligen Reitplatz an der Kirchstraße trägt die Inschrift: „Die Alten und die Jungen gemeinsam sind gesprungen." Der Maxborn ist dem römischen Kaiser Maximin gewidmet, der 235 n. Chr. in Gunsenum (lateinisch für Gonsenheim) zum Kaiser ausgerufen wurde. Das Rathaus wurde 1625 im Barockstil erbaut, als Georg Friedrich von Greiffenklau zu Vollrads Domdekan und damit Gonsenheimer und Mombacher Ortsherr war. Deshalb stellt das Ortswappen auch einen Greifenklau dar. Die einstige Ölmühle, die die Künstlerfamilie Graffé heute bewohnt, hieß Untere Aumühle, benannt nach dem ursprünglichen Namen Aubach für den Gonsbach.

C) Mundart

Übertragen Sie ins Hochdeutsche! Für jedes richtige Wort erhalten Sie einen Punkt.

„Neilich hott misch moi Good mit dem Dampfbähnsche uff de Maggt geschickt. Was do fer Leit mitfahrn: rischdigge Brewweldibbe mit Briefkasdeschnud. Die hawwe en Briambel gehalle. Gott sei Dank, gab's auch Blinzelmais, so richtige Buwerollser. Unn Männer. De Finder Blechbuggel, en richtige Blooges, der hott geplotschd wie die Logg."

HERMANN-DIETER MÜLLER

geb. 1943 in St. Goar/Rhein, lebt seit 1950 in Mainz-Gonsenheim, Studium der Geschichte und Englisch in Mainz und London, Promotion über ein Thema der Mainzer Geschichte, „Der schwedische Staat in Mainz 1631 - 1636" (= Beiträge zur Geschichte der Stadt Mainz, Bd. 24), 1971-2005 Lehrer am Max-Planck-Gymnasium in Rüsselsheim, 1977-2009 Kirchenvorstand der evangelischen Gemeinde Gonsenheim, 1989 - 1995 Dekanatssynodalvorstand, Mitbegründer des Heimat- und Geschichtsverein Mainz-Gonsenheim 1992, seit 1995 dessen 1. Vorsitzender, 2009 Verdienstmedaille des Landes Rheinland-Pfalz und Gonsenheimer Bürgersäule, seit 40 Jahren verheiratet, zwei erwachsene Kinder

A) Museumsquiz

1) Bandkeramiker, 2) Radnadeln, 3) Villa rustica, 4), 5) Fränkischer Sax 610-640 n. Chr., 6) 775 n. Chr., 7) Gänsefuß, 8) Windfege, 9), 10) 1923 Inflation, 11) 43 % in Gonsenheim, 43,9 % = Reich

B) Lügengeschichte

Die Bürgersäule auf dem ehemaligen Friedhof an der Kirchstraße trägt die Inschrift: „Die Alten und die Jungen verpflichten uns zu tätiger Hilfe füreinander." Der Maxborn soll an einen kleinen Jungen erinnern. Seine jüdischen Eltern widmeten den Brunnen ihrem früh verstorbenen Kind Max. „Gunsenum" ist nur der Dialektausdruck für Gonsenheim. Das Rathaus wurde 1615 im Renaissancestil erbaut, als Georg Friedrich von Greiffenklau zu Vollrads Dompropst und damit Gonsenheimer und Finther Ortsherr war. Das Ortswappen stellt einen Gänsefuß dar. Die einstige Ölmühle, die die Künstlerfamilie Graffé heute bewohnt, hieß Untere Aumühle, benannt nach dem ursprünglichen Namen Aubach für den Gonsbach.

C) Mundart

„Neulich hat mich meine Patentante mit der Dampfbahn zum Markt geschickt. Was da für Leute mitfahren: richtig nörgelnde Frauen mit zu groß geratenem Mund. Die haben ein Geschwätz (Briambel von Präambel = feierliche Vorrede) gehalten. Gott sei Dank! Gab es auch Mädchen, solche, die sich mit Buben einlassen. Und Männer. Der Finther Spengler/Installateur, ein richtig ungehobelter Mensch, der hat geraucht wie die Lokomotive."